Stephen Harper

Kampf um Enigma

Die Jagd auf U-559

Im Gedenken an jene Männer,
die ihr Leben für die Bergung der Enigma-Unterlagen gaben:

Lt Antony Fasson RN, George Cross
AB Colin Grazier, George Cross
und ihr Kamerad
NAAFI Assistant Tom Brown, George Medal

Stephen Harper

Kampf um Enigma

Die Jagd auf U-559

Seit 1789

Verlag E.S. Mittler & Sohn GmbH

Hamburg · Berlin · Bonn

Schutzumschlag

Fotos der vorderen Umschlagseite: (links) Enigma-Chiffriermaschine; (oben) deutsches Marinefunkpersonal beim Senden einer mit der Enigma chiffrierten Meldung; (unten rechts) ein deutsches U-Boot vom Typ IX-B. Mit freundlicher Genehmigung durch Jak P. Mallmann Showell.

Fotos auf der Klappe: Mit freundlicher Genehmigung durch Lieutenant Commander Robert de Pass.

Die Deutsche Bibliothek – CIP-Einheitsaufnahme

Harper, Stephen:
Kampf um Enigma : die Jagd auf U-559 / Stephen Harper.
– Hamburg : Mittler, 2001
Einheitssacht.: Capturing enigma <dt.>
ISBN 3-8132-0737-4

ISBN 3 8132 0737 4; Warengruppe 21

Produktion: Hans-Peter Herfs-George
Druck und Weiterverarbeitung:
Hans Kock Buch- und Offsetdruck GmbH, Bielefeld
Printed in Germany

Inhaltsverzeichnis

Vorwort

Die militärischen Leistungen des Zerstörers H.M.S. PETARD der Royal Navy waren im Zweiten Weltkrieg außergewöhnlich. Sie war das einzige alliierte Kriegsschiff, das U-Boote der drei gegnerischen Marinen versenken konnte. Sie überstand die Konvoifahrten nach Malta sowie die Kämpfe um die Ägäis, die für die alliierte Seite in einer Katastrophe endeten und als Friedhof der Zerstörer bekannt wurden. Ihr größter Coup allerdings wurde so lange geheimgehalten, daß der Name H.M.S. PETARD bis heute nahezu unbekannt geblieben ist.

Die enormen Konsequenzen, die sich aus einem Gefecht der PETARD mit einem deutschen U-Boot im Oktober 1942 im östlichen Mittelmeer ergeben sollten, weitab von der Schlacht im Atlantik, hätten das Schiff wohl zu einer ähnlichen Berühmtheit werden lassen wie Nelsons VICTORY, wäre es damals möglich gewesen, die wahren Umstände ihres Triumphes bekanntzugeben. Der Sieg Nelsons in der Seeschlacht bei Trafalgar beendete den Traum Napoleons von einer Landung in England und machte die Royal Navy unbestritten zur Herrscherin über die Meere und Ozeane. Der Erfolg, den H.M.S. PETARD gegen U-559 errang, war von derselben Tragweite.

Die Erbeutung der geheimen deutschen Enigma-Schlüsselunterlagen, wobei zwei Besatzungsmitglieder der PETARD ihr Leben verloren, sowie der Erfolg von Bletchley Park, wo Dechiffrierexperten mit Hilfe des geraubten Codematerials in den Funkverkehr der U-Boote einbrachen, trug entscheidend mit dazu bei, die »Wolfsrudel« im Winter 1942/43 zu schlagen, gerade als diese kurz vor dem Sieg im Atlantik standen. Die U-Bootwaffe verhinderte beinahe die Steigerung der amerikanischen Truppenstärke für die 1944 geplante Invasion der »Festung Europa«; in beiden Weltkriegen standen die U-Boote kurz davor, das Ziel Deutschlands zu erreichen, Großbritannien durch das Abschnüren seiner Seezufuhren auszuhungern.

Die Schlacht im Atlantik war kriegsentscheidend, es war die längste und wichtigste bewaffnete Konfrontation im Zweiten Weltkrieg. Winston Churchill war der Überzeugung, daß sie den dominierenden Faktor des Zweiten Weltkriegs darstellte. Eine Niederlage im Atlantik hätte jeden anderen Erfolg wertlos gemacht.

Eine verlängerte nachrichtendienstliche Verschleierung über fast vier Jahrzehnte stellte sicher, daß die Großtat des Zerstörers PETARD nahezu unbekannt geblieben ist – allerdings gilt dies auch für den Ruhm, den sich das Schiff erworben hat. Außer ehemaligen Besatzungsmitgliedern und dem Personal der geheimen Regierungseinrichtung in Bletchley Park, der Zentrale für Funkentschlüsselung in Buckinghamshire, war sie nur wenigen ein Begriff. Dort schließlich würdigt eine Stiftung mit einer ständigen Ausstellung einen Teil jener Geschichte, welche uns offenbart, was die Nation einem Kriegsschiff schuldig ist, das vom Ruhm übergangen wurde, einem Kriegsschiff, das gewiß einen würdigen Platz neben Nelsons VICTORY in Portsmouth verdient gehabt hätte. Leider wurde H.M.S. PETARD 1967 ohne großes Zeremoniell abgebrochen und zu Schrott verarbeitet, etwa 25 Jahre nach ihrem Stapellauf am Tyne. (Zur Zeit werden Anstrengungen unternommen, H.M.S. CAVALIER, den einzigen noch existierenden Zerstörer aus der Periode des Zweiten Weltkrieges und Begleiter der PETARD auf der Ausreise in den Fernen Osten im Jahr 1945, vor dem Verschrotten zu retten und ihn im historischen Werftgelände von Chatham zu restaurieren.)

Ich habe ein persönliches Interesse an H.M.S. PETARD, da ich während der Zeit ihrer zweiten Indiensthaltung als Signalgast an Bord gedient hatte. Damals, gegen Ende des Krieges mit Japan, war sie Teil der Ostindischen Flotte. Seinerzeit wußte ich nichts über die glorreiche erste Dienstzeit meines Schiffes. Aus einem Bildband, den ich vor ein paar Jahren geschenkt bekam, erfuhr ich, daß sie sich als einziges alliiertes Kampfschiff ausgezeichnet hatte, das U-Boote der drei gegnerische Flotten versenken konnte. Kurz darauf, im Februar 1994, las ich in der *Times* einen Artikel über die umstrittene Wasserbombenverfolgung der PETARD gegen einen japanischen U-Kreuzer, nachdem der Truppentransporter KHEDIVE ISMAIL versenkt worden war und sich noch Schiffbrüchige im Wasser befanden – ein weiteres Vorkommnis, das für viele Jahre unter strenge Geheimhaltung fiel.

Erst im März 1997 stieß ich in einem Nachruf auf Captain A.J. Baker Creswell, dem Kommandanten des Zerstörers BULLDOG, der bereits im Mai 1941 im Atlantik Enigma-Schlüsselmaterial von einem U-Boot erbeutet hatte, auf eine kurze Erwähnung, daß die PETARD ebenfalls Enigma-Unterlagen hatte bergen können. Das hat mein Interesse dann wirklich angeregt. Ich habe jedes Dokument im Public Record Office studiert, in dem H.M.S. PETARD erwähnt wird. Es liegt zwar eine Fülle von Material über die Vernichtung der beiden italienischen und japanischen U-Boote vor, aber nichts über die Versenkung von U-559. Nachdem ich mich nach dem Grund hierfür erkundigt hatte, durfte ich einige einschlägigen Dokumente einsehen.

Während ich nach Besatzungsmitgliedern aus der Zeit der ersten Indiensthaltung der PETARD suchte, um an Augenzeugenberichte zu gelangen, fand ich heraus, daß der ehemalige Artillerieoffizier G.G. Connell Aufzeichnungen angefertigt hatte. Der Ausgabe 1994 seines Buches, das den treffenden Titel *Fighting Destroyer* trägt, hatte Connell einen Absatz hinzugefügt, in dem er erklärte, während des Schreibens überhaupt keine Vorstellung davon besessen zu haben, welch unschätzbaren Wert jene Unterlagen darstellten, die von U-559 geborgen werden konnten. Er war bereits sehr krank und starb kurze Zeit darauf.

Es wurde deutlich, daß die ganze Geschichte dieses außergewöhnlichen Kriegsschiffs und der enormen Konsequenzen des Gefechts mit U-559, in welchem zwei Besatzungsmitglieder ihr Leben ließen, noch immer darauf harrte, erzählt zu werden. Mein Dank gilt Reg Crang, dem Schriftführer der H.M.S. PETARD-Vereinigung, für die großzügige Erlaubnis, aus seinen anschaulich verfaßten Protokollen zitieren zu dürfen; Dank an Lieutenant Commander Robert de Pass RN, ehemals Erster Offizier der PETARD, für die Erlaubnis, Photos zu verwenden, die er mitten im Gefecht gemacht hat; Dank an John Mackness, Artillerist an einem Oerlikon-Geschütz der PETARD; Jack Hall, einen der Asdic-Gasten; Stan Reynolds, der in jenem Kutter saß, welcher die auf U-559 erbeuteten, unschätzbaren Enigma-Unterlagen zur PETARD brachte; Mervyn Romeril, einem ehemaligen Brückenausguck; Ted Saunders, einem vormaligen Obermatrosen – die letzten fünf sind Veteranen der an Kämpfen reichen ersten Indiensthaltungsperiode. Dank auch an Peter Allen, einem Funker während der zweiten Indiensthaltung, und an Les Turnham, der nach dem Krieg auf der PETARD diente, als sie zur Fregatte umgerüstet wurde.

Ralph Erskine, ein Experte auf dem Gebiet des Marine-Funknachrichtendienstes, hat die auf Enigma Bezug nehmenden Passagen freundlicherweise überprüft und Änderungen vorgeschlagen; Joan Connell erteilte mir die Erlaubnis, aus dem Buch *Fighting Destroyer* ihres verstorbenen Mannes zitieren zu dürfen; Dr. Peter Granwell machte mich als erster auf die Zeit der glorreichen ersten Indienststellung aufmerksam; Dr. John Horsey wies mich darauf hin, daß es eine Vereinigung ehemaliger Bordangehöriger von H.M.S. PETARD gibt; der vormalige Chefingenieur der Handelsmarine Ian Blair unterstützte mich mit Nachforschungen zur Schlacht im Atlantik; der Major a.D. Robert Findley überprüfte die Passagen zur Schlacht bei Salerno; Terry Fincher nutzte seine komplizierten Computer, um alte Photos zu kopieren, und meine Frau May überprüfte mein Manuskript.

Dank auch an John Gallehawk und die Mitarbeiter im Museum Bletchley Park sowie an das Personal im Public Record Office, im Imperial War Museum und der British Library.

Erster Teil

Die Enigma-Story

ERSTES KAPITEL

Ein Geheimnis entscheidet den Krieg

Der deutsche Nachrichtendienst hat nie herausgefunden, daß zwei britische Seeleute des Zerstörers H.M.S. PETARD ihr Leben verloren, als sie ein sinkendes deutsches U-Boot durchsuchten, das von seiner Besatzung aufgegeben worden war. Zuvor hatten sie ihren Bordkameraden noch Schlüsselunterlagen übergeben können, die schließlich dazu dienten, den geheimen deutschen Enigma-Code zu knacken. Ihre kühne Tat stellt eines der sensibelsten Geheimnisse des Zweiten Weltkriegs dar und wurde noch nahezu vierzig Jahre lang als streng vertraulich eingestuft. Vielleicht handelte es sich um die wichtigste militärische Handlung des gesamten Krieges. Das Codematerial, für dessen Erwerb sie mit dem Leben bezahlten, besaß eine außerordentliche Bedeutung. Sie selbst konnten wohl nicht ahnen, welch wichtigen Fang sie in ihrer letzten Stunde durch den Kommandoturm des feindlichen Fahrzeugs, das ihr Grab werden sollte, hinaufreichten. Das erbeutete Material war von unermeßlichem Wert. Es ermöglichte den Kryptoanalytikern in Bletchley Park, der »Ultra«-geheimen Government Code and Cipher School [Regierungsinstitut für Code und Chiffrierung: Anm. d. Übers.], in das Vier-Walzen-System der genialen deutschen Enigma-Chiffriermaschine einzubrechen, von dem die Seekriegsleitung überzeugt war, daß es den Funkverkehr mit U-Booten gegen Entschlüsselung absicherte.

In einer früheren Phase des Krieges war es Bletchley Park aufgrund polnischer Erkenntnisse gelungen, das ältere Modell der deutschen Enigma, das mit drei Walzen arbeitete, nachzubauen. Aber die Codeknacker waren verblüfft, als die deutsche Seite im Februar 1942 eine vierte Walze für den Funkverkehr mit U-Booten im Atlantik und im Mittelmeer hinzufügte, um eine großangelegte U-Bootoffensive vorzubereiten, die die Lebensadern Großbritanniens ein für allemal durchtrennen sollte. Das bedeutete, daß wesentliche Informationen über U-Bootoperationen für zehn kritische Monate ausblieben. Der Coup der PETARD kam für Bletchley Park gerade noch rechtzeitig, um die Schwierigkeiten mit dem Vier-Walzen-System zu beseitigen und die alliierten Seestreitkräfte mit jenen nachrichtendienstlichen Erkenntnissen zu versorgen, die sie während der entscheidenden Phase der Schlacht im Atlantik, im Frühjahr 1943, die Oberhand gewinnen ließ.

Wäre man bezüglich des U-Bootfunkverkehrs weiterhin im unklaren geblieben, wären die Alliierten kaum in der Lage gewesen, die Seeherrschaft im Atlantik bereits in der zweiten Hälfte des Jahres 1943 zu sichern, und die Invasion Europas hätte wahrscheinlich auf 1945 oder einen späteren Zeitpunkt verschoben werden müssen.

Die Kriegsentscheidung zugunsten der Alliierten trat ein, nachdem die PETARD ihre Operationen im östlichen Mittelmeer aufgenommen hatte – weitab von der Schlacht im Atlantik, die sie mit ihrer Großtat dennoch in hohem Grade beeinflussen sollte. Am 30. Oktober 1942, nach einer Jagd, die sich den ganzen Tag über hingezogen hatte, zwangen die Wasserbomben der PETARD U-559 etwa 60 Seemeilen nördlich von Port Said während der Dunkelheit zum Auftauchen, und die Besatzung begann ihr Boot zu verlassen.

Ohne auf das Aussetzen eines Kutters zu warten, streiften Lieutenant Antony Fasson und Able Seaman Colin Grazier ihre Kleider ab und schwammen in Richtung des U-Boots. Die See wimmelte derweilen von nach Rettung suchenden deutschen Seeleuten. Ein 16 Jahre alter NAAFI-Kantinengehilfe, Tommy Brown, der an Bord des U-Boots sprang, als die PETARD kurze Zeit längsseits kommen konnte, folgte ihnen. Er drang mit den beiden ins Innere des Bootes vor und kletterte dreimal, mit Büchern und Dokumenten beladen, die Fasson und Grazier gefunden hatten, die Leiter des Kommandoturms auf und ab, um die Unterlagen einem Enterkommando zu übergeben, das neben dem Boot in einem der Kutter der PETARD wartete. Fasson und Grazier starben, als das U-Boot plötzlich zu sinken begann und die durch den Kommandoturm einströmenden Wassermassen sie begruben.

Sie waren gerade damit beschäftigt gewesen, einen Gegenstand nach oben durchzureichen, den sie offenbar für eine geheime Chiffriermaschine hielten. Brown und die übrigen Schiffbrüchigen wurden aus dem Wasser gefischt.

Die Besatzung der PETARD, völlig fassungslos angesichts des Verlustes ihrer Kameraden, konnte nicht ahnen, welche Bedeutung dieser tragische Zwischenfall noch erhalten sollte. Die Erbeutung des Materials war so streng geheim, daß sogar die posthum an Fasson und Grazier verliehenen Auszeichnungen mit einem Siegel der Verschwiegenheit ausgestattet werden mußten, damit sichergestellt war, daß ihr Erfolg auf der deutschen Seite keine Neugierde erweckte. Sie hätten gewiß das Victoria Cross, die höchste Tapferkeitsmedaille, verdient gehabt. Stattdessen wurde ihren Angehörigen das George Cross überreicht, eine Auszeichnung, die normalerweise nur an Zivilisten für unerschrockenen Einsatz bei Luftangriffen verliehen wurde. Militärpersonal wurde mit diesem Orden für bewiesenen Mut beim Entschärfen von Magnetminen und Bombenblindgängern ausgezeichnet. Tommy Brown erhielt die George Medal, ebenfalls ein Ehrenzeichen, das für gewöhnlich Zivilisten vorbehalten blieb.

Die Hinterbliebenen von Fasson und Grazier standen vor einem Rätsel, da sie nichts über die Todesumstände ihrer Angehörigen in Erfahrung bringen konnten. Die Argumentation der Admiralität, warum sie die höchste Tapferkeitsauszeichnung nicht empfehlen wollte, lief unter dem fadenscheinigen Vorwand, daß das Victoria Cross nur für Heldentaten im Angesicht des Feindes verliehen werde und daß der Erfolg im vorliegenden Fall nach Beendigung der Kampfhandlungen erzielt worden sei. In Wahrheit fürchtete die Admiralität, daß die Verleihung der höchsten Tapferkeitsauszeichnung den deutschen Geheimdienst zu einer Untersuchung über die näheren Todesumstände der beiden Seeleute veranlassen könnte. Es war sowohl für die Admiralität als auch für Bletchley Park ein Alptraum, daß schon leiseste Verdachtsmomente zu einer erneuten Änderung des Enigma-Schlüssels führen mußten, der sich der Dechiffrierung so lange hatte entziehen können.

Im September 1943, etwa ein Jahr nach dem Zwischenfall, gab die *London Gazette* die posthum verliehenen Auszeichnungen an Lieutenant Antony Blair Fasson und Able Seaman Colin Grazier für »außergewöhnliche Tapferkeit und unerschütterliche Pflichterfüllung angesichts drohender Gefahr« bekannt, enthielt sich jedoch weiterer Details. Ferner meldete das Blatt, daß der Kantinengehilfe Thomas William Brown für »Tapferkeit und Pflichterfüllung angesichts drohender Gefahr« die George Medal erhalten habe. Der Name Lieutenant Fassons ist gemeinsam mit dem anderen Gefallenen auf dem Kriegerdenkmal in der Jedburgh Abbey eingetragen. Sein George Cross wird im Schloß von Edinburgh aufbewahrt.

Allerdings gab es damals keine Schlagzeilen, die Großbritannien in einer Zeit, die durch eine Serie von Niederlagen und Rückschlägen geprägt war, etwas aufgemuntert hätten. Der Triumph der PETARD mußte wegen seiner überaus großen Tragweite eines der bestgehüteten Geheimnisse des Krieges bleiben.

Die Admiralität verwendete die Vorsilbe »Hydro« für nachrichtendienstliche Erkenntnisse, die sie aus dechiffrierten Meldungen eines älteren Schlüsselsystems für den Funkverkehr mit U-Booten namens »Hydra« gewonnen hatte. Ultra bedeutete »Ultra-Geheim« und wurde im Jahr 1943 als Verschlußgrad für streng geheime Mitteilungen an die britischen Streitkräfte eingeführt. Es war zugleich die Vorsilbe eines Codewortes für Erkenntnisse aus nachrichtendienstlicher Feindaufklärung, die aus dem Schlüsselmaterial sämtlicher Varianten der deutschen Enigma-Chiffriermaschine sowie dem Funkverkehr auf hohem Geheimhaltungsgrad gewonnen werden konnten.

Die Verteilung der Informationen war auf die Mitglieder des Kriegskabinetts, den obersten Beraterstab sowie die militärische Führungsspitze beschränkt. Ultra-Nachrichten waren so streng vertraulich, daß es manchmal sogar abgelehnt wurde, Nutzen aus Informationen zu ziehen, um Gegenmaßnahmen gegen operative Einsätze des Feindes zu treffen. Der Geheimhaltungsgrad entsprach dem des Atombombenprogramms. Der einzige »Maulwurf« in Bletchley Park arbeitete für Moskau. Sorgfältig ausgewähltes nachrichtendienstliches Material über geplante militärische Operationen der Deutschen wurde den Verbündeten Großbritanniens zugänglich gemacht. Allerdings enthüllte John Cairncross, einer der Cambridge-Spione, der in Bletchley Park als Übersetzer (für Deutsch) arbeitete, in einer kürzlich vorgelegten Autobiographie, daß er seinem KGB-Führungsoffizier Erkenntnisse aus Bletchley Park über deutsche Vorhaben an der Ostfront hat zukommen lassen (siehe Epilog). Tausende von Angestellten, die in Bletchley Park ihren Dienst taten, sowie ein paar Hundert weitere in den Verbindungsbüros (wenig später auch Dutzende in den Vereinigten Staaten) besaßen nur das nötigste Wissen darüber, was Ultra wirklich bedeutete. Alle waren eidlich zu absoluter Verschwiegenheit verpflichtet. Es war außergewöhnlich, welch hoher Grad an Geheimhaltung aufrechterhalten werden konnte. Läßt man den Fall Cairncross einmal beiseite, gab es keine undichten Stellen, niemals wurde irgendetwas in Memorien erwähnt. Selbst die Ehefrauen oder Familienmitglieder durften über die Arbeit ihrer Männer oder Verwandten nichts erfahren. Noch nie war Geheimhaltung so rigoros durchgesetzt worden. Churchill bezeichnete den Stab in Bletchley Park einmal als »Hühner, die die goldenen Eier legten, aber niemals gackerten«.

Die Arbeit in Bletchley Park trug entscheidend mit dazu bei, Großbritannien vor einer frühen Niederlage zu bewahren und den Krieg zu gewinnen; sie hatte vor allem großen Anteil daran, daß der Sieg bereits 1945 errungen werden konnte und nicht, wenn überhaupt, erst zwei Jahre später. Die Baracken, in denen die Entschlüsselungsexperten Tag und Nacht arbeiteten, waren durch Mauern gegen die Druckwellen von Bombenexplosionen gesichert, die Dechiffriermaschinen wurden in Betonbunkern bedient. Die deutsche Luftwaffe hat Bletchley Park jedoch niemals angegriffen. Lediglich eine einzige Bombe fiel, während eines Luftangriffs auf ein nahe gelegenes Eisenbahnwerk, mitten ins Gelände.

Die Arbeit in Bletchley Park unterlag solch strengen Sicherheitsvorkehrungen, daß weder während des Krieges noch für die folgenden drei Jahrzehnte irgendetwas über die Tätigkeit dort verlautbart werden durfte. Noch heute, wenn Bletchley Park an jedem zweiten Wochenende für die Öffentlichkeit zugänglich ist, werden Mitteilungen über bestimmte Methoden der Nachrichtenermittlung weiterhin vertraulich behandelt.

Bis 1974 war jegliche Andeutung in bezug auf Ultra verboten. In jenem Jahr erhielt der ehemals verantwortliche Leiter des Nachrichtendienstes für die Weitergabe von Ultra-Erkenntnissen, Wing Commander Frederick Winterbotham, die Freigabe zur Veröffentlichung eines mit großer Diskretion verfaßten Buches unter dem Titel *The Ultra Secret* (dt. Titel: *Aktion Ultra*: Anm. d. Übers.] Die Darstellung basiert auf persönlichen Erinnerungen; Winterbotham war der Zugang zu Dokumenten verweigert worden. Mehr als fünfzig Jahre nach den Geschehnissen bleibt so mancher Aspekt weiterhin geheim.

Für Militärhistoriker bedeuteten die amtlichen Sperrvermerke in bezug auf Ultra für viele Jahre ein großes Hemmnis. Unterdessen erschien eine Vielzahl von Veröffentlichungen über den Zweiten Weltkrieg. Die meisten Bücher, die vor 1974 publiziert wurden – die offiziöse Geschichtsschreibung eingeschlossen – sind deshalb heute überholt, und einige Darstellungen zu Schlachten und Feldzügen bedürfen einer Neubewertung. Daß die alliierten Befehlshaber über Stärke und Absichten der deutschen militärischen Führung völlig im Bilde waren, darf nunmehr mit absoluter Sicherheit angenommen werden.

1977 schließlich wurde eine größere Anzahl von Ultra-Meldungen im Original für das Public Record Office in Kent freigegeben; das Erscheinen weiterer Bücher wurde dadurch angeregt. Sämtliche Veröffentlichungen wurden jedoch ohne Kenntnis über den Erfolg der PETARD verfaßt. Auch der ehemalige Artillerieoffizier des Zerstörers H.M.S. PETARD, G.G. Connell, schrieb in jenen Jahren in *Fighting Destroyer* über die Kampfhandlungen, an denen sein Schiff beteiligt war. Während er an seinem Buch arbeitete, hatte er jedoch über den immensen Wert der Dokumente, die auf U-559 erbeutet worden waren, oder über die Konsequenzen, die sich aus dem Fund ergeben sollten, nicht den Hauch einer Ahnung.

Im Winter 1942 beendete die Untersuchung des von der PETARD erbeuteten Materials eine seit etwa zehn Monaten andauernde empfindliche Nachrichtenlücke über die Bewegungen und Operationen deutscher U-Boote. Der Erfolg stellte sich gerade zu der Zeit ein, als die U-Boote Handelsschiffe nahezu doppelt so schnell versenken konnten, als Neubauten zur Verfügung standen. Die Briten, bereits auf kleinere Rationen gesetzt, drohten zu verhungern, und die U-Boote behinderten den ständigen Zustrom von Truppen, Waffen und Ausrüstung für die Erstürmung der deutschen »Festung Europa«.

Am 18. März 1975 enthüllte Ralph Erskine, ein Experte für Marine-Funknachrichtendienst, in einem Schreiben an die *Times*, daß drei Besatzungsmitglieder der PETARD zwei wichtige Codebücher für den Funkverkehr mit U-Booten sichergestellt hatten. Er fügte hinzu: »Von Dezember 1942 bis Juni 1943 waren sie das einzige Mittel, um Bletchley Park Übersetzungshilfen für den Einbruch in Shark zu liefern – so bezeichnete Bletchley Park den neuen deutschen Schlüsselkreis für den Einsatz der Atlantik-Boote. Dies trug dazu bei, den Verlauf des Krieges zu ändern und hatte bedeutenden Anteil am Sieg. Es gibt nur wenige Handlungen persönlicher Tapferkeit, die jemals solch weitreichende Konsequenzen hatten.« Diese Passage wiederholte den Inhalt eines Berichts über *Intelligence and National Security*, den er 1988 verfaßt hatte und der folgende Feststellung trifft:

> »Ohne die besonderen Erkenntnisse aus Triton (dem Vier-Walzen-Enigma-Chiffriersystem) wären die U-Boote auf die Dauer zwar ebenfalls besiegt worden, aber der Verlust an Menschenleben in diesem globalen Konflikt wäre insgesamt noch weitaus furchtbarer gewesen, als er dies ohnehin schon war. Falls der Einbruch in Shark (die Codebezeichnung, die in Bletchley Park für Triton verwendet wurde) nicht gelungen wäre, hätten die Alliierten die Seeherrschaft im Atlantik frühestens in der zweiten Hälfte des Jahres 1943 sichern können, und die Invasion Europas hätte sich mindestens bis 1945 verzögert.«

Der Funkverkehr der U-Boote über die Chiffriermethode der Vier-Walzen-Enigma konnte mit Hilfe der PETARD-Unterlagen binnen vier Wochen geknackt werden. Dies führte dazu, daß wichtige Einsatzmeldungen zwischen den U-Booten und ihrem Befehlshaber, Admiral Karl Dönitz, noch rechtzeitig entziffert werden konnten, um Gegenmaßnahmen zu ergreifen. Geleitzüge wurden um jene Räume herumgeführt, in denen die Wolfsrudel der U-Boote im Hinterhalt lauerten, zudem wurde eine solch hohe Zahl an U-Booten nach der Ortung durch Ultra versenkt, daß Dönitz die Verluste für unannehmbar erachtete und seinen Booten befahl, sich aus dem Nordatlantik in sicherere Seegebiete zurückzuziehen.

Die Schlacht im Atlantik, die entscheidende militärische Auseinandersetzung des Krieges, war ein Kopf-an-Kopf-Rennen. Als die Zahl der U-Boote, die im Atlantik operierten, von Januar bis April 1941 um ein Drittel anstieg und als der deutsche Enigma-Marinefunkschlüssel noch sicher war, hielt Churchill auf dem Tiefpunkt der Schlacht eine düstere Rundfunkansprache an die Nation. Er verdeutlichte den Familien, die sich um ihre Empfangsgeräte versammelt hatten, die Abhängigkeit Großbritanniens vom Seeverkehr und schloß mit den Worten: »Wenn Sie sich all dies vergegenwärtigen, ist es dann ein Wunder, daß die Schlacht im Atlantik in den Gedanken jener, auf denen die Verantwortung für das Erreichen des Sieges lastet, an erster Stelle steht.« Nach der deutschen Kapitulation erklärte Churchill, daß die Schlacht im Atlantik der dominierende Faktor während der sechs Kriegsjahre gewesen sei, und fügte dem hinzu:

> »Niemals, auch nicht einen Moment, durften wir vergessen, daß alles Geschehen anderwärts – zu Land, zur See oder in der Luft – zu guter Letzt von dieser Entscheidung abhing, und inmitten aller anderen Sorgen verfolgten wir von Tag zu Tag das wechselvolle Kriegsglück bald bedrückt, bald voller Hoffnung. … Inmitten eines Übermaßes an stürmischen Ereignissen stand eine Sorge obenan. Schlachten mochten gewonnen oder verloren werden, Unternehmungen Erfolg oder Mißerfolg zeitigen, Territorien besetzt oder geräumt werden, doch unsere Fähigkeit, den Krieg weiterzuführen, ja uns auch nur am Leben zu erhalten, wurde von einem Problem dominiert: unserer Herrschaft über die Ozeanrouten und die ungehinderte Annäherung und Einfahrt in unsere Häfen.«

Wie diese Herrschaft schließlich erlangt werden konnte, war das bestgehütete Geheimnis Großbritanniens!

ZWEITES KAPITEL

Bletchley Park – die Wiege des Erfolgs

Im Krieg ist die Fähigkeit entscheidend, die geheimsten Meldungen des Gegners mitlesen zu können. Während des Ersten Weltkrieges entschlüsselte ein hervorragendes Team von Kryptoanalytikern in Sektion 25 des Marinenachrichtendienstes 15 000 codierte Meldungen der deutschen Seite; sie waren in Room 40 im alten Gebäude der Admiralität untergebracht. Nachdem drei Signalbücher erbeutet worden waren, hielten sie seit Oktober 1914 den Schlüssel zu sämtlichen deutschen Marine- und Überseenachrichtenverbindungen in der Hand. Das erste der Dokumente, das Deutsche Handelsverkehrsbuch (HBV), war von der australischen Marine auf einem deutschen Frachter im Pazifik entdeckt worden; ein zweites, das geheime Verkehrsbuch für den diplomatischen Dienst, wurde aus einem Wrack in der Nordsee gefischt; ein drittes schließlich stammte von dem deutschen Kreuzer MAGDEBURG, der während einer Unternehmung gegen Russland auf Grund gelaufen war. Die Marine des Zaren hatte das Signalbuch nach London weitergereicht. Die einmalig günstige Gelegenheit wurde allerdings nicht in dem Maße ausgenutzt, wie man es hätte erwarten können, denn ranghohe Marineoffiziere vertrauten weiterhin eher dem Nachrichtenaustausch per Flaggensignal. Jenes System, das Schiffe bei Fahrten im Verband noch heute anwenden, war von Admiral Home Popham gerade rechtzeitig eingeführt worden, damit Nelson bei Trafalgar seine Befehle an die Flotte erteilen konnte.

Admiral William James, in den späten 30er Jahren zum Stellvertretenden Chef des Stabes ernannt, als erneut ein Krieg nahte, war gegen Ende des Ersten Weltkrieges Leiter des Marine-Nachrichtendienstes gewesen. Er erinnerte sich daran, wie das Versagen, entschlüsselte Meldungen richtig einzuschätzen, der deutschen Hochseeflotte während der Skagerrakschlacht die Gelegenheit zum Entkommen geboten hatte. James war dazu entschlossen, in einem künftigen Krieg eine engere Zusammenarbeit zwischen Nachrichtendienst und Operationsabteilung herzustellen, und gründete das Operational Intelligence Centre.

Ein anderer Veteran aus Room 40 war Dillwyn Knox, ein Dozent für Griechisch, der als kolossaler Bridge-Spieler beschrieben wird. Er blieb in Diensten der Regierung als Mitarbeiter der Government Code and Cipher School, die in einem Bürogebäude auf Londons Broadway ihre Arbeit aufgenommen hatte. Als man in der italienischen Marine während der Dreißiger Jahre die größte Bedrohung erkannte und Mussolini das Mittelmeer zum »mare nostrum« erklärte, gelang es Knox, den italienischen Marinefunkschlüssel zu knacken, der auf einer handelsüblichen Version der deutschen Enigma basierte. Anfang 1939 traf er sich mit polnischen Kryptoanalytikern, die in eine frühe Version des deutschen Enigma-Codes eingebrochen waren (siehe Anhang 1).

Als erneut die Gefahr eines Krieges drohte, befand sich die offizielle Adresse der Government Code and Cipher School noch im Außenministerium, Room 47. Im Juli 1939 verlegte ihr Leiter, Commander Alastair Denniston, die Tätigkeit in einen verschnörkelten, weitläufig von 56 Morgen Land umgebenen viktorianischen Landsitz in Buckinghamshire etwa 80 Kilometer nördlich von London – Bletchley Park. Seine Neubürger sollten Bletchley Park als BP kennenlernen, allerdings war es unter der Adresse seines Funkabschnitts auch als Station X bekannt. In entlegenen Gebäuden, die überall in der Gegend verteilt waren, gab es Außenposten. Der Mitarbeiterstab wuchs von anfangs kaum 100 auf 12 000 Männer und Frauen, weitere 4000 arbeiteten in den Außenposten. Alle waren darauf vereidigt, unter keinen Umständen irgendetwas über ihre Arbeit zu offenbaren, auch nicht ihren Familien gegenüber.

In einem Stallgebäude hinter dem Herrensitz, das als »Sommerhaus« bekannt wurde, setzte Knox seine Bemühungen zur Dechiffrierung des deutschen Enigma-Schlüssels (benannt nach dem griechischen Wort für Rätsel) fort. Seine Arbeit erfuhr einen beachtlichen Schwung, als er den Nachbau einer Enigma untersuchen konnte, die von einer polnischen Firma namens AVA angefertigt und ein paar Wochen vor Kriegsbeginn zusammen mit fünf Schlüsselwalzen von polnischen Kollegen übergeben worden war.

Die Enigma-Chiffriermaschine für militärische Zwecke wog ca. 25 Pfund und war etwas sperriger als eine normale Schreibmaschine; sie besaß eine schreibmaschinenähnliche Tastatur, allerdings fehlten die Typenhebel für Zahlen und Satzzeichen. Das Ganze war mit einem Anzeigenfeld aus Leuchtbuchstaben verknüpft. Das Herz der Maschine bestand aus einem Zylinder, in den drei Walzen, wählbar aus einem Satz von fünf (später acht) Buchstabenrädern, in unterschiedlicher Reihenfolge eingesetzt werden konnten. Jedes Rad besaß 26 Felder, eines für jeden Buchstaben des Alphabeths, mit derselben Anzahl elektrischer Kontakte auf jeder Seite. Wenn eine Buchstabentaste niedergedrückt wurde, drehte sich zunächst die rechte Walze um eine Position weiter; nach 26 Eingaben bewegte sich das mittlere Buchstabenrad um eine Position vorwärts, und nach 26 mal 26 Eingaben auf der rechten Walze drehte sich die linke eine Stellung weiter. Unterhalb der Tastatur, zwischen dieser und den Buchstabenrädern, war ein Steckerbrett mit 26 Steckkontakten angebracht, auf dem der Verschlüsseler nach Belieben bis zu zehn Kabelverbindungen stöpseln konnte. Jeweils auf der linken Seite der Rändelscheiben befand sich eine Anzeige mit Querverbindungen für weitere Buchstabenkombinationen. Der Weg durch die Walzen führte dann über einen anderen Pfad. Ein auf der Tastatur niedergedrückter Klarbuchstabe wurde aufgrund dieser Anordnung siebenmal umgewandelt, bevor in den Anzeigefenstern ein Ersatzbuchstabe aufleuchtete. An den Walzen waren bewegliche Ringe befestigt, so daß die Einstellung selbst wiederum verschlüsselt werden konnte. Dieses elektromechanische Räderwerk lieferte Millionen verschiedener Buchstabenkombinationen.

Am Montag, den 4. September 1939, einen Tag nach der englischen Kriegserklärung, gesellten sich zwei hervorragende Mathematiker aus Cambridge, Alan

Turing und Gordon Welchman, zu Knox nach Bletchley Park. Commander Denniston hatte beide kurz nach dem Münchener Abkommen angeworben. Alan Turing hatte sich mit einem Standardwerk zur Berechenbarkeit mathematischer Funktionen, das die theoretischen Grundlagen für moderne Computer legen sollte, einen Namen gemacht. Welchman verband mathematisches Genie mit einer Begabung für Mechanik und Organisation.

Hastig wurden Dutzende von angesehenen Intellektuellen des ganzen Landes verpflichtet, Linguisten, Schachmeister, Statistiker und Mathematiker. Diese Mitarbeiter studierten eifrig aufgefangene deutsche Funkmeldungen, die vom ständig auf Empfang gegnerischer Sendestationen, weltweit arbeitenden Y-Dienst hereinkamen. Die meisten der in der Anfangszeit dechiffrierten Meldungen stammten aus dem Nachrichtenverkehr der Luftwaffe, deren Funker zur Nachlässigkeit neigten, indem sie einzelne Buchstabengruppen ständig wiederholten und damit Hinweise auf die Schlüsseleinstellung lieferten.

Die Taubenschläge in Bletchley Park wimmelten vor Brieftauben, die aufgefangene Meldungen der im Land verteilten Stationen des Abhördienstes der Abteilung Y einflogen. Die Einwohner der Kleinstadt Bletchley gewöhnten sich allmählich an vorbeieilende Kuriere; in der betriebsamsten Phase des Krieges passierten mehr als 70 Meldefahrer pro Tag die schwerbewachten Tore zum Park. Alan Turing bezog das Turmzimmer mit Blick auf den Stallhof, um sich darauf konzentrieren zu können den Enigma-Schlüssel zu knacken. Neben dem unschätzbar wertvollen Geschenk der polnischen AVA-Maschine (siehe Anhang 1) besaß man in Bletchley Park auch Blaupausen der bahnbrechenden polnischen »bomba«, die ihren Codenamen einer beliebten Eiscrememarke verdankte. Diese Maschine war wie eine Enigma verdrahtet und probierte alle möglichen Schlüsseleinstellungen durch. Den Polen war es gelungen, in den deutschen Enigma-Schlüssel einzubrechen, als sie bemerkten, daß das deutsche Bedienungspersonal zur Vermeidung von Irrtümern eine Gruppe von drei Buchstaben jeweils zu Beginn einer Meldung wiederholte. Die Auswertung der ersten Buchstabengruppen bot die Möglichkeit, in das System einzudringen.

Turing nannte die riesige, über zwei Meter breite und etwa 1,8 Meter hohe britische elektromechanische Maschine eine »bombe«. Sie war von der British Tabulating Machine Company im nahegelegenen Letchworth hergestellt worden. Die Bomben waren rückwärts arbeitende Enigmas, jedoch weitaus komplizierter als diese. Sie simulierten die Einstellung der Drei-Walzen-Enigma etwa 36mal so schnell, wobei sie Millionen von Buchstaben in unendlich vielen Kombinationen durchprobierten, bis diese mit einer Buchstabengruppe übereinstimmte, die half, die Botschaften der Enigma zu dechiffrieren. Eine Auswahl an Übersetzungshilfen, die aus elektromagnetischen Impulsen bestanden, war auf einem Tableau mit Steckerverbindungen eingestellt. Die »bombe« verursachte Geräusche wie eine Hochgeschwindigkeits-Strickmaschine, wenn sie, mit Enigma-Schlüsselmaterial gefüttert, gezielt nach Buchstabengruppen fahndete, die sie als Ergebnis logisch aufgebauter Testreihen nicht verwerfen konnte. Wenn sie auf eine solche Buchstabengruppe gestoßen war, kam die

Maschine zum Stillstand und das Bedienungspersonal, das keine Ahnung davon hatte, nach was überhaupt gesucht wurde, zeigte einen Erfolg an. Das Menü, mit dem die Bombe gefüttert wurde, war von Kryptoanalytikern in Baracke 6 zusammengestellt worden und basierte auf »Eselsbrücken« (dem mutmaßlichen Klartext einer Nachricht), die man aus dem Studium von Empfängern, Absendern, Wiederholungen und der Verbreitung möglicher Enigma-Schlüsseleinstellungen gewonnen hatte. Die erste »bombe«, getauft auf den Namen Agnes, war ab März 1940 in Baracke 10 in Betrieb.

Diejenigen Kryptoanalytiker, die sich mit dem Nachrichtenverkehr des deutschen Heeres und der Luftwaffe beschäftigten, arbeiteten unter Leitung von Gordon Welchman in Baracke 6. Sie stützten sich auf eine Vorrichtung von großem Nutzen, ein manuell betriebenes Lochkartensystem, das ihnen die Polen zusammen mit der AVA-Maschine überlassen hatten. Es war dabei behilflich, den Funkverkehr des deutschen Heeres und der Luftwaffe in »Realzeit« zu knacken und ermöglichte sofortige Gegenmaßnahmen.

Die für den deutschen Marinefunkschlüssel zuständigen Kryptoanalytiker arbeiteten in Baracke 8, wo der mehrmalige Schachmeister C.H. Alexander mit der Leitung beauftragt war. Entschlüsselte Meldungen aus Baracke 6 wurden nach Baracke 3 zur Übersetzung, Auswertung und Verteilung weitergereicht. Dechiffrierte Meldungen des deutschen Marinefunkschlüssels wurden in Baracke 4 bearbeitet. Weitere Teams befaßten sich mit Methoden zur Aufzeichnung und Auswertung des deutschen Fernmeldeschemas, mit auffälligen Sendezeichen, fehlerhaften Übermittlungen und sorglosen Wiederholungen, alles aufbewahrt in Schuhschachteln. Diese überaus heiklen Tätigkeiten waren rigoros gegeneinander abgeschottet, so daß die Mitarbeiter wenig oder gar nichts darüber wußten, was in einer angrenzenden Baracke vor sich ging.

Es dauerte nicht lange, und vier »bombes« verarbeiteten in einer von dickem Stahlbeton eingefaßten Baracke verschlüsselte Meldungen von 59 gegnerischen Sendeanlagen, die alle 24, manchmal auch alle zwölf Stunden die Codeeinstellung änderten. Im Verlauf des Krieges konnten die neuen Tagesschlüssel oftmals bereits um drei Uhr nachts geknackt werden – der Rekord lag bei vierzehn Minuten.

Bis zum Ende des Krieges wurden an verschiedenen Orten etwa 200 Bomben hergestellt, 2000 Angehörige des Women's Royal Naval Service (»Wrens«) bedienten sie Tag und Nacht. Spätere »bombes« trugen die Namen von Städten oder Ländern. Im Jahr 1942 verstärkten die Amerikaner den Mitarbeiterstab in Bletchley Park, die U.S. Navy entwickelte dann auch »bombes« mit größerer Geschwindigkeit als jene in Bletchley.

Angesichts der Millionen von Kombinationen, die eine Enigma bot, arbeitete man in Bletchley nahezu aufs Geratewohl. Zu dieser Tätigkeit war eine Einstellung erforderlich, es immer und immer wieder zu versuchen, sowie unendliche Geduld trotz zahlloser Enttäuschungen. Der Erfolg der »bombes« hing von den »Eselsbrücken« ab, wobei das deutsche Bedienungspersonal mit Verfahrensfehlern Hinweise lieferte. Um eine solche Übersetzungshilfe zu finden, mußte man in Bletchley herausbekommen, wer wem eine Nachricht mit welchem Inhalt zusandte. Dazu war es erforderlich, daß man über die Fernmeldeverfahren und zugleich über neu eingegangene und entschlüsselte Funksprüche ständig auf dem Laufenden sein mußte.

Erst nachdem im April 1940 das Norwegenunternehmen in einer Katastrophe endete, konnten die Arbeitsgruppen in Bletchley mit der Entzifferung der ersten deutschen Heeres- und Luftwaffenmeldungen beginnen. Dabei handelte es sich jedoch zumeist um Routineangelegenheiten wie Stellenbesetzungen. Innerhalb der deutschen Grenzen wurde der Fernmeldeverkehr per Telegraphenleitung abgewickelt, als aber die Wehrmacht auf ihren Feldzügen ausländischen Boden betrat, war die Koordination zwischen Heer und Luftwaffe während der raschen Vorstöße vom Funkverkehr abhängig. Am 1. Mai 1940 änderte sich plötzlich das deutsche Fernmeldeverfahren. Der Erfolg der Bomben, in den Bletchley zur Entzifferung von Heeres- und Luftwaffenmeldungen unmittelbar großes Vertrauen gesetzt hatte, war damit gefährdet. Am 10. Mai begannen die Deutschen ihre Blitzkrieg-Offensive gegen Westeuropa.

Dennoch: Als die Panzerverbände von General Heinz Guderian in zwei Tagen über die ehemaligen Schlachtfelder von Flandern rollten und tief nach Frankreich vorstießen, wurden die von einer in seinem Befehlswagen mitgeführten Enigma per Funk übermittelten Anweisungen Guderians aufgefangen. Eine genügende Zahl deutscher Heeresmeldungen konnte dechiffriert werden, die verdeutlichten, daß der französische Widerstand zusammenbrach. Die schwierige Aufgabe der Entschlüsselung war jedoch so zeitaufwendig gewesen, daß die britischen Befehlshaber vor Ort längst zu demselben Ergebnis gekommen waren, als die Informationen des Nachrichtendienstes das Hauptquartier erreichten. Die Evakuierung der British Expeditionary Force aus Dünkirchen wurde angeordnet und eine Armada von kleineren Schiffseinheiten zusammengezogen, um den größten Teil des Truppenkontingents zurück über den Kanal zu befördern.

In dieser kritischen Phase erkrankte Commander Denniston, und Edward Travis, bislang Leiter der Marinesektion und Stellvertreter Dennistons, wurde dann im Februar 1942 sein Amtsnachfolger; er leitete Bletchley für den Rest des Krieges.

Im Herbst 1940, während der Luftschlacht um England, verbesserte sich die Qualität der aufgefangenen und entschlüsselten Nachrichten, und die Verzögerungen beim Dechiffrieren konnten auf wenige Stunden begrenzt werden. Der Oberbefehlshaber der Luftwaffe, Reichsmarschall Hermann Göring, hatte glücklicherweise Vertrauen in die Sicherheit der Enigma und gab seine Tagesbefehle an die Geschwader per Funk weiter, obwohl er problemlos über Telegraphenleitungen mit ihnen hätte in Verbindung treten können. Die Meldungen enthüllten, daß seine Strategie darauf abzielte, sämtliche britischen Jagdgeschwader in Massenschlachten zu verwickeln, um sie aufgrund der zahlenmäßigen deutschen Überlegenheit rasch zu vernichten. Da er über Strategie und Taktik des Gegners von dessen Oberbefehlshaber informiert wurde, war Air Marshall

Hugh Dowding, General der Jagdflieger, in der Lage, den Geschwadern der Luftwaffe täglich schwere Verluste zuzufügen, während er seine eigenen Verbände hütete wie ein Schäfer seine Herde. Andere Kommandeure der RAF-Jägergruppen kritisierten ihn, weil sie Abfangoperationen im »großen Stil« (»Big Wing«) den Vorzug gaben. Dowding jedoch konnte auch seinen Stabsoffizieren gegenüber nicht offenbaren, daß seine Strategie auf Ultra-Erkenntnissen beruhte.

In wochenlangen Kämpfen stiegen die Verluste Görings an, dann wechselte er die Strategie von Tagangriffen auf die Flugplätze der RAF zu Angriffen bei Nacht auf London und andere Städte – ein schwerer Fehler. In jenen Tagen hatte die RAF nurmehr eine Handvoll Jagdflugzeuge in Reserve. Wäre es der Luftwaffe gelungen, unsere Jagdgeschwader völlig zu vernichten oder sie am Boden zu halten, hätte die Marine die Gewässer um Südengland nicht behaupten können und Operation »Seelöwe«, die von Hitler für Oktober geplante Landung in England, hätte gegen eine Armee schnell Fortschritte gemacht, die bei der Flucht aus Frankreich einen Großteil ihrer Panzerfahrzeuge und Geschütze hatte zurücklassen müssen.

Der Herrensitz in Bletchley Park war im Herbst 1940 traubenartig von Baracken umgeben, die Arbeitsplätze für den wachsenden Mitarbeiterstab boten. Damals konnte eine Vielzahl mit Enigma verschlüsselter Nachrichten noch so rechtzeitig dechiffriert werden, daß sie die militärischen Operationen beeinflußten. Sobald die Nachrichten entschlüsselt waren, wurden sie nach Baracke 3 weitergereicht und auf eine solche Art und Weise umgeschrieben, daß die Information zwar exakt wiedergegeben wurde, aber keine Rückschlüsse auf eine ehemalige Enigma-Meldung zuließ. Diese »gefilterten« Versionen wurden zu Sir Steward Menzies gesandt, der als Leiter des Secret Intelligence Service die oberste Befehlsgewalt über Bletchley Park besaß. Er übergab die wichtigsten Meldungen persönlich Winston Churchill sowie den Oberbefehlshabern der Teilstreitkräfte. Über Special Liaison Units erreichten die Mitteilungen auch die Militärbefehlshaber in Übersee. Das gesamte Material mit hohem Verschlußgrad, das der Funknachrichtendienst zusammentragen konnte, führte den Codenamen Ultra und unterlag bestimmten Sicherheitsrichtlinien. Diese sollten gewährleisten, daß militärische Operationen gegen deutsche Vorstöße die Gefahr einer möglichen Enthüllung, die Informationen der Alliierten könnten durch einen Einbruch in den Enigma-Schlüsselkreis erlangt worden sein, völlig ausschlossen. Sicherheit für Ultra genoß die allerhöchste Priorität. Während jedoch Ultra-Erkenntnisse über die Aufstellung des Deutschen Afrika-Korps, die Verlegung von Stuka-Geschwadern nach Sizilien oder den deutschen Vorstoß auf dem Balkan bis nach Griechenland als flankierende Maßnahme zum geplanten Überfall auf die Sowjetunion zu den Hauptquartieren der Armee und der Air Force gelangten, blieb der deutsche Marinefunkschlüssel für ein weiteres Jahr sicher.

Dies erwies sich als kostspielig, denn die Verluste an Schiffen und Besatzungen stiegen, weil die U-Boote den Versuch unternahmen, Großbritannien vom

Nachschub über See abzuschneiden und auszuhungern. Die deutsche Seekriegsleitung war weit mehr auf die Sicherheit ihrer Schlüsselmittel bedacht als die anderen Teilstreitkräfte, und sie war fest dazu entschlossen, einen erneuten Einbruch, wie dies 1914 geschehen war, zu verhindern. Das Funkpersonal war besser geschult und vermied Wiederholungen von Schlüsselgruppen, welche den Kryptoanalytikern, die darauf erpicht waren, den Code zu knacken, Hinweise liefern konnten. Die Kriegsmarine besaß mit dem Schlüssel »M« eine eigene Version des Enigma-Chiffrierverfahrens, welches dreizehn verschiedene Schlüsselsysteme beinhaltete. Für die Codeknacker des Marineschlüssels in Bletchley Park war der Verkehrskreis »Heimische Gewässer«, kurz »Heimisch« bezeichnet und später in »Hydra« umbenannt, der wichtigste. »Hydra« wurde von U-Booten im Nordatlantik benutzt, in Bletchley rangierte dieser Schlüsselkreis auch unter der Bezeichnung »Dolphin«.

Bletchley verwendete die meisten Mühen und Anstrengungen darauf, mit der fast unendlichen Zahl an Schlüsseleinstellungen des Marinecodes klarzukommen. Da die Deutschen allerdings häufig mit Veränderungen aufwarteten, stellte dies auch eine endlose Herausforderung dar. Die Admiralität nahm die Marinefunkaufklärung zudem selbst in die Hand, und seit Kriegsbeginn verfolgte die Marineführung die Absicht, ein deutsches Kriegsschiff in der Hoffnung zu kapern, daß sich ihr Glück aus dem Ersten Weltkrieg wiederholen möge. Im November 1914 waren unschätzbar wertvolle deutsche Schlüsselunterlagen neben dem Wrack des vor der russischen Insel Odensholm im Nebel aufgelaufenen Kreuzers MAGDEBURG vom Meeresgrund geborgen worden. Die Marine des Zaren reichte die Dokumente an die Admiralität weiter, und Room 40 war in der Lage gewesen, in den deutschen Marinefunkschlüssel einzubrechen, ein Vorteil, den einige traditionsbewußte Admiräle, wie bereits erwähnt, nicht zu schätzen wußten.

Während des Zweiten Weltkriegs gelang ein erster ähnlicher Einbruch im Februar 1940, als U-33 beim Minenlegen in der Clyde-Mündung von dem Minensucher H.M.S. GLEANER versenkt wurde. Bevor er sein Boot verließ, nahm der Kommandant die drei Buchstabenwalzen aus der Enigma sowie fünf weitere Rändelscheiben aus einem kleinen Kästchen und gab ein paar davon an zwei Besatzungsmitglieder mit dem Befehl weiter, die Walzen beim Überbordspringen ins Wasser zu werfen. Später wurden drei Buchstabenwalzen in den Taschen eines geretteten Matrosen gefunden, der daraufhin seinem Kommandanten beichtete, daß er die Walzen beim Verlassen des Bootes in der Aufregung vergessen habe. Die Buchstabenräder waren den Kryptoanalytikern in Baracke 8 recht dienlich, die Marine-Enigma entzog sich jedoch weiterhin der Auflösung.

Ein bedeutsamerer Erfolg wurde dann im Mai 1940 erzielt, nachdem britische Zerstörer vor Norwegen einen unter holländischer Flagge fahrenden Fischkutter aufgebracht hatten; sie vermuteten, daß es sich um ein getarntes deutsches Kriegsschiff handelte. Als ein Enterkommando von H.M.S. GRIFFIN in einem Beiboot übersetzte, wurde ein Mann dabei beobachtet, wie er zwei Segeltuchtaschen über Bord warf. Eine der Taschen versank, die andere trieb im Wasser. Master Gunner F.H.W.T. Foord sprang mit einer umgebundenen Leine aus dem Boot und wäre fast ertrunken, bevor er zusammen mit der Tasche, die er fest umklammert hielt, wieder an Bord genommen werden konnte. Es stellte sich heraus, daß die Segeltuchtasche Chiffriervordrucke enthielt (und keine Schlüsselunterlagen, wie in der offiziösen britischen Geschichtsschreibung behauptet wird). Weitere Chiffrierunterlagen, die verstreut auf Deck lagen, wurden nach dem Entern des bewaffneten Kutters, SCHIFF 26, gefunden. Die erbeuteten Schlüsselvordrucke enthielten den passenden Klartext zum verschlüsselten Text und waren den Kryptoanalytikern in Bletchley Park bei den ersten Versuchen zur Dechiffrierung des deutschen Marinefunkschlüssels dienlich. Endlich konnte man in Bletchley einige chiffrierte Meldungen im nachhinein entziffern, aber einem Einbruch in den Schlüssel war man nur unwesentlich nähergekommen. Die dechiffrierten Mitteilungen enthielten nur wenig, was nachrichtendienstlich von Wert gewesen wäre, dabei hatte es fast einen Monat in Anspruch genommen, bis sie entschlüsselt waren. Nichtsdestoweniger stellten sie einen ganz entscheidenden Part in jenem Prozeß dar, der Bletchley schließlich auf die richtige Spur zur Entschlüsselung des Verkehrskreises »Heimische Gewässer« führte.

Für etwa ein Jahr hatte die Marineabteilung außer der Auswertung des Funkverkehrs, des Umfangs und des Verkehrsflußes des deutschen Marinefernmeldesystems nichts weiter zu tun. Aus dem Einpeilen von Funksignalen, aus der Beobachtung von Frequenzen und Adressaten entstand ein Bild des deutschen Fernmeldewesens. Die Kryptoanalytiker hielten nach Abweichungen vom normalen Verkehrsmuster Ausschau, was auf außergewöhnliche Aktivitäten schließen ließ.

In jener Phase erhielt Bletchley die meisten »Eselsbrücken« von sogenannten »Küßchen«, wortgleiche Mitteilungen, die in zwei verschiedenen Schlüsselsystemen gesendet wurden, von denen Bletchley zumindest eines mitlesen konnte. Baracke 4, zuständig für nicht mit Enigma verschlüsselte Meldungen, verfolgte den Schlüssel für die deutschen Marinewerften, und einige Meldungen, im Werftenschlüssel übermittelt, gingen per Enigma auch an die U-Boote. Da es dem Submarine Tracking Room in der Admiralität jedoch an aktuellen nachrichtendienstlichen Erkenntnissen über aufgefangene Meldungen mangelte, mußte es sich auf die Abteilung Funkpeilung verlassen, deren Informationen wiederum von Funkaufklärungsstationen stammten, die um Großbritannien herum verteilt waren sowie in Gibraltar und auf Island standen.

Zehn Monate vergingen, bevor weiteres Enigma-Schlüsselmaterial Bletchley erreichte. Im Februar 1941 wurden während eines Kommandounternehmens gegen die Lofoten Reservewalzen, Schlüsselunterlagen und Karten erbeutet. Die Gegenstände waren von einem Enterkommando auf dem brennenden Vorpostenboot KREBS entdeckt worden; die Enigma-Chiffriermaschine war allerdings kurz vorher über Bord geworfen worden. Die Walzen waren mit jenen identisch, die Bletchley bereits besaß, aber eines der erbeuteten Dokumente lieferte den Enigma-Schlüssel für den Monat Februar. Room 8 nutzte die Gelegenheit, und während der Woche vom 12. März tickerten eine Menge dechiffrierter Meldungen über den Fernschreiber im Operational Intelligence Centre, bevor die Qualität der Mitteilungen wieder schlechter wurde. Trotzdem trafen weitere nützliche Neuigkeiten ein. Binnen fünf Wochen konnten die Kryptoanalytiker den Funkverkehr für Februar zurückverfolgen, und anschließend gelang es ihnen, Übermittlungen zu knacken, die im April gesendet worden waren; daraufhin brachen sie auch in den Fernmeldeverkehr des Monats Mai ein.

Da die deutsche Wehrmacht für ihre Blitzkrieg-Bombardements und die geplante Landung in England Informationen über die Wetterentwicklung benötigte, waren seit Sommer 1940 Wetterschiffe in den Atlantik entsandt worden. Die Royal Navy versenkte zwei dieser Einheiten, bis Harry Hinsley, der noch als Student in Bletchley eingestellt wurde, auf die Idee kam, daß Wetterschiffe für Monate auf See bleiben mußten und deshalb Enigma-Schlüsselunterlagen für den gesamten angenommenen Zeitraum ihrer Stationierung benötigten. Er trug seinen Vorschlag, eines dieser Schiffe zu kapern, dem Stellvertretenden Leiter des Operational Intelligence Centre der Admiralität, Captain J.R.S. Haines, vor, und im Mai 1941 führte eine mächtige Task-Force der Royal Navy ein Kommandounternehmen gegen das deutsche Wetterschiff MÜNCHEN durch. Der Verband bestand aus den Zerstörern SOMALI, ESKIMO, BEDOUIN und NESTOR und stand unter dem Befehl von Viceadmiral Lancelot Holland auf dem Kreuzer H.M.S. EDINBURGH.

Die SOMALI sichtete die MÜNCHEN am 7. Mai um 17.07 Uhr etwa am Polarkreis und feuerte Warnschüsse ab. Die deutsche Besatzung begann sofort damit, das Schiff zu verlassen, die SOMALI kam längsseits und setzte eine Entermannschaft über. Das Prisenkommando der EDINBURGH, begleitet von Captain Haines in Zivilkleidung, folgte ihnen rasch nach. Der Kommandant der MÜNCHEN warf die Enigma-Chiffriermaschine über Bord, als die SOMALI sich näherte. Aber Haines fand dennoch, wonach er gesucht hatte – Schlüsseltabellen für die Monate Mai und Juni. H.M.S. NESTOR jagte mit Captain Haines an Bord zurück nach Scapa Flow, von dort beförderte er die erbeuteten Unterlagen nach London. In Bletchley war man nun mit Hilfe der Dokumente in der Lage, den deutschen Funkverkehr mit geringer Verzögerung zu dechiffrieren, bis der Schlüssel sechs Wochen später routinemäßig gewechselt wurde. (Am 12. Mai setzte Holland seine Flagge auf H.M.S. HOOD, und zwölf Tage später starben er und nahezu sämtliche Besatzungsmitglieder des Schlachtschiffes, als die HOOD durch Salven der mächtigen Geschütze des deutschen Schlachtschiffes BISMARCK innerhalb weniger Minuten versenkt wurde.) Durch eine in der Wortwahl sehr sorgfältig vorbereitete amtliche Mitteilung ließ man die Deutschen in dem Glauben, daß die Enigma weiterhin sicher sei. Das Kommuniqué schilderte den Zwischenfall folgendermaßen: »Eine unserer Bewachergruppen, die in nördlichen Gewässern operierte, stieß unerwartet auf die MÜNCHEN, einen bewaffneten deutschen Fischdampfer. Das Feuer wurde eröffnet, und die Besatzung der MÜNCHEN verließ und versenkte ihr Schiff. Die Schiffbrüchigen wurden daraufhin gerettet und zu Kriegsgefangenen erklärt.«

Am 9. Mai, nur zwei Tage nachdem die Schlüsselunterlagen des Wetterschiffs erbeutet worden waren, fiel den Alliierten Material von allergrößter Bedeutung in die Hände. Die Zerstörer BULLDOG und BROADWAY sowie die Korvette AUBRIETIA fuhren als Geleitsicherung des Konvoi OB 318 südlich von Island, als U-110, das bereits zwei Schiffe aus dem Geleitzug versenkt hatte, durch Asdic, dem Unterwasser-Ortungsgerät, erfaßt wurde. Ein Angriff mit Wasserbomben beschädigte Steuer- und Tiefenruder des U-Boots, und da zudem die Maschinen sowie die Beleuchtung ausgefallen waren und Wasser in das Boot eindrang, ließ Kapitänleutnant Fritz-Julius Lemp die Tauchzellen anblasen; das U-Boot taumelte an die Oberfläche. Auf der BULLDOG erteilte der Kommandeur der Flottille, Captain A.J. Baker Creswell, seinen Geschützmannschaften den Befehl, das Feuer zu eröffnen, und ging auf Rammkurs. Gerade noch rechtzeitig erinnerte er sich an eine Unterrichtsstunde während der Stabsausbildung über die Erbeutung wertvollen Schlüsselmaterials auf dem Kleinen Kreuzer MAGDEBURG im Jahr 1914. Zum Erstaunen der anderen Zerstörerkommandanten brach er den Angriff ab. Die BROADWAY schien jedoch weiterhin die Absicht zu verfolgen, das U-Boot zu rammen, obwohl der Kommandant der BULLDOG per Megaphon befahl, sich von dem Boot klarzuhalten; der Befehl wurde per Morselampe wiederholt. Tatsächlich beabsichtigte die BROADWAY, zwei Wasserbomben unter dem U-Boot zu zünden, um es am Schnelltauchen zu hindern. Unbewußt befand sie sich aber auf Kollisionskurs, weil durch das Abfeuern ihrer 10,2-cm-Geschütze die Windschutzscheibe auf der Brücke stark gesprungen und nahezu undurchsichtig geworden war. Die BROADWAY passierte so dicht, daß ein Tiefenruder des U-Boots die vordere Kraftstoffzelle an Backbord aufschlitzte und Heizöl austrat.

Kapitänleutnant Lemp hatte vom Kommandoturm aus beobachtet, daß der Zerstörer auf ihn zuhielt und befahl alle Mann von Bord. Die Geschütze schwiegen, während die Männer aus dem Turm stiegen und in die See sprangen; sie wurden von Beibooten der BROADWAY und der Korvette AUBRIETIA aufgenommen. Der Kommandant des U-Boots, jener Mann, der am ersten Kriegstag die ATHENIA versenkt hatte, befand sich nicht unter ihnen. Die geretteten Seeleute wurden an Bord der beiden Schiffe gebracht und rasch unter Deck getrieben, damit sie nicht erkennen konnten, wie ein Boot der BULLDOG ein Enterkommando zu dem von ihnen verlassenen U-Boot übersetzte.

David Balme, ein zwanzig Jahre alter Sub-Lieutenant, hatte den Befehl über das Prisenkommando. Er kletterte die Leiter im Kommandoturm hinab und sorgte dafür, daß ein schreibmaschinenähnliches Gerät, von dem er annahm, es sei eine Art Chiffriermaschine, hinaufbefördert wurde. Sie war unverschlossen und wurde zusammen mit anderen Gegenständen und Dokumenten, die später zwei Kisten füllten, in das Beiboot weitergereicht.

U-110 wurde in Schlepp genommen, aber unterwegs via Island nach Scapa Flow begann es am nächsten Tag zu sinken; die Schlepptrosse mußte notgedrungen gekappt werden. Als man in der Admiralität erkannte, daß das ohne Wissen des Gegners erbeutete Enigma-Schlüsselmaterial unendlich viel wertvoller war als ein gekapertes U-Boot, war die Erleichterung dennoch spürbar. Captain Baker Creswell hatte ein Äquivalent zur Beute aus der MAGDEBURG von 1914 geliefert.

Lieutenant Allan Bacon sowie ein von Bletchley Park beauftragter Kollege empfingen die BULLDOG bei ihrer Rückkehr nach Scapa Flow. Sie hatten nur eine Aktentasche bei sich, um alles zu mitzunehmen, was von besonderem Wert schien. Beide gerieten über die Beute sofort in helles Entzücken. Für den Fall, daß diesem Schatz auf dem Transport nach Bletchley Park in speziell angefertigten Behältern irgendetwas passierte, photographierten sie die wichtigsten Gegenstände.

Am 13. Mai nahm Baracke 8 die Untersuchung der Unterlagen auf. Kombiniert mit den auf dem Wetterschiff MÜNCHEN gefundenen Dokumenten war es nun möglich, den Nachrichtenverkehr der U-Boote elf Tage nach dem Auffangen eines Funkspruchs zu entziffern. Als jedoch die erbeuteten Enigma-Chiffren für den Monat Juni in Kraft traten, war das Operational Intelligence Centre schließlich in der Lage, den Funkverkehr der U-Boote in »Real-Zeit«, ebenso schnell wie die U-Bootkommandanten und Dönitz selbst mitzulesen. Eine am 1. Juni um 18 Minuten nach Mitternacht aufgefangene deutsche Meldung wurde in Baracke 8 dechiffriert, in Baracke 4 übersetzt und um 4.58 Uhr an das Operational Intelligence Centre weitergeleitet.

Die Aktion gegen U-110 war der bislang wichtigste nachrichtendienstliche Erfolg des Krieges. Als Captain Baker Creswell in Buckingham Palace empfangen wurde, um mit dem Distinguished Service Order ausgezeichnet zu werden, ließ König George VI. ihn wissen, daß seine Tat eines der herausragenden Ereignisse der Seekriegsgeschichte darstelle. Lediglich aufgrund des Erfordernisses zur Geheimhaltung sei keine höhere Auszeichnung vorgeschlagen worden. Sub-Lieutenant Balme erhielt das Distinguished Service Cross. (Wie in anderen Fällen auch wurden sämtliche Hinweise auf diesen Zwischenfall in Großbritannien getilgt; auch das offizielle Seekriegswerk *The War at Sea*, herausgegeben von Captain S.W. Roskill, publiziert 1954, enthält hierzu keine Angaben.)

Das erbeutete Material war für Turing und seine Mitarbeiter in Bletchley ein Geschenk des Himmels. Allerdings traf es zu spät ein, um die Anfangsphase der Jagd auf das deutsche Schlachtschiff BISMARCK, das nach der Versenkung der HOOD am 24. Mai in den Weiten des Atlantik verschwunden war, noch beeinflußen zu können. Ultra spielte jedoch eine gewisse Rolle, als das gegnerische Schlachtschiff zu entkommen schien. Admiral Lütjens war nämlich der Ansicht, daß ein britisches Kriegsschiff weiterhin Fühlung hielt, deshalb brach er die Funkstille und ließ eine längere Mitteilung über Gefechtsschäden seines Schiffes absetzen, zudem erbat er weitere Anweisungen der Marineführung. Dieser Funkspruch konnte zwar erst drei Tage später dechiffriert werden, als die BISMARCK schon längst gesunken war. Ihr Standort war aber durch Funkpeilung ermittelt worden, und eine Luftwaffenmeldung verriet, daß die BISMARCK Brest ansteuerte.

Obgleich das Entschlüsseln der Meldungen der BISMARCK drei Tage in Anspruch genommen hatte, konnte der Funkverkehr während des Monats Juni durchschnittlich in weniger als sechs Stunden dechiffriert werden. Der Schlüsselkreis »Hydra« – er diente dem Funkverkehr deutscher Einheiten in der Nord- und Ostsee, Minensuchern und Vorpostenbooten vor der französischen und norwegischen Küste sowie zu jenem Zeitpunkt auch sämtlichen U-Booten – war schließlich geknackt worden. Ein weiterer rascher Erfolg stellte sich noch im Juni ein, als Ultra Erkenntnisse darüber lieferte, daß das Westentaschen-Schlachtschiff LÜTZOW, die ehemalige DEUTSCHLAND, unter Angabe von Position, Kurs und Geschwindigkeit von der Ostsee in die Nordsee verlegte. Die LÜTZOW wurde von Torpedobombern abgefangen und so schwer beschädigt, daß sie für mehrere Monate ausfiel.

Minenlegeoperationen der RAF vor mehreren Häfen im deutschen Herrschaftsbereich verursachten eine Zunahme des Funkverkehrs deutscher Minensuchverbände. Diese Unternehmungen, auch »Gartenarbeit« genannt, wurden in enger Kooperation mit den Codeknackern ausgeweitet. Sie lieferten eine ganze Reihe erfolgreicher »Eselsbrücken« und Übersetzungshilfen. Aufgrund der Erfahrungen, die Bletchley Park mit den erbeuteten Unterlagen der BULLDOG gemacht hatte, ergaben sich ganz neue Erkenntnisse. Dort konnte man, außer an wenigen Tagen, mit »Hydra« verschlüsselte Meldungen für den Rest des Krieges mitlesen. Schließlich war Bletchley in der Lage, das Submarine Tracking Room im Operational Intelligence Centre der Admiralität mit einer Fülle von detaillierten Informationen zu versorgen.

Als die Gültigkeitsdauer der gekaperten Chiffren auslief, drängte Harry Hinsley darauf, durch eine erneute Unternehmung gegen ein Wetterschiff die aktuellen Enigma-Schlüsseltabellen »zu stibizen«. Es war die LAUENBURG, die in der letzten Maiwoche den nordnorwegischen Hafen Drontheim verlassen hatte, um in einem Gebiet 300 Seemeilen nördlich des Polarkreises zu operieren. Eine Task-Force, bestehend aus einem Kreuzer und drei Zerstörern, machte sich auf den Weg. Am 28. Juni, kurz vor Einbruch der Dunkelheit, sichtete ein Ausguck auf dem Zerstörer TARTAR das Wetterschiff. Allerdings war die deutsche Besatzung vor der Annäherung des Gegners gewarnt worden, da der Funker der LAUENBURG starke Signale von Stationen in der näheren Umgebung aufgenommen hatte. Als Granaten um ihr Schiff herum einschlugen, ließen der Kommandant und ein Großteil der Besatzung zwei Rettungsboote zu Wasser. Zwei Seeleute blieben zurück, warfen die Enigma über Bord und stopften Unterlagen in einen Kohleofen.

Als die LAUENBURG schließlich von den Alliierten geentert wurde, schien außer einem Wust von Papier nichts übriggeblieben zu sein. Man nahm an, daß es sich um Müll handelte. Zur Überraschung der Männer stieß Lieutenant Alan Bacon, der die Task-Force auf dem Zerstörer JUPITER begleitete und von Bletchley Park als Nachrichtenoffizier eingesetzt war, zu ihnen, und befahl jedes einzelne Dokument aufzusammeln. Sie füllten dreizehn Postsäcke, und unter einer großen Menge Abfall fand Bacon, wonach er gesucht hatte – die Enigma-Chiffren für Juli sowie aktuelle Anweisungen für das Steckerbrett bzw. ein Blatt mit internen Schlüsseleinstellungen. Am 2. Juli traf alles in Bletchley ein, und von diesem Tag an war man dort für den Rest des Monats in der Lage, mit Enigma verschlüsselte Mitteilungen binnen drei Stunden in Klartext zu übertragen.

Dann folgte erneut eine längere Periode, während der die Schlüsselsicherheit im Nachrichtenverkehr mit U-Booten auf Feindfahrt wieder gewährleistet war. Am 1. Februar 1942 schied die U-Bootwaffe aus »Hydra« aus und wurde über ein im Oktober 1941 eingeführtes neues Enigma-Modell, die M4, sowie über einen neu eingerichteten Schlüsselkreis, genannt »Triton«, direkt mit Admiral Dönitz verbunden. »Triton M4«, die Enigma mit vier Walzen, sollte die Kryptoanalytiker verblüffen; sie gaben ihr die Codebezeichnung »Shark«. Die nachrichtendienstlichen Erkenntnisse über in See stehende U-Boote reduzierten sich nunmehr auf geringfügige Überbleibsel aus »Hydra«, man war wieder größtenteils auf Funkpeilung sowie auf die Erfahrungen des Submarine Tracking Room mit den Verhaltensweisen von U-Booten im Einsatz angewiesen.

Die Einführung der Vier-Walzen-Enigma stürzte die leitenden Mitarbeiter von Bletchley Park in tiefe Verzweiflung. Die meisten von ihnen waren der Überzeugung, daß es unmöglich sei, sie zu knacken. Alan Turing war anderer Meinung und behauptete, er könne das Problem lösen. Etwa zur selben Zeit führten die deutsche Seite einen neuen Schlüssel für Wettermeldungen ein, der den alten Code für meteorologische Datenübermittlung aus dem Jahr 1941, der zehn Monate zuvor von der BULLDOG erbeutet worden war, ablöste. Da die in See stehenden U-Boote regelmäßig Wettermeldungen absetzten, hatte der Wettercode wichtige Hinweise zum Einbruch in den Funkverkehr mit Enigma geliefert. Um das Verfahren etwas abzukürzen, wurden diese Meldungen in den Drei-Buchstaben-Gruppen des Wetterschlüssels chiffriert und anschließend mit der aktuellen Enigma-Chiffre überschlüsselt. Der Schlüsselwechsel beendete die Vergleichsmöglichkeit des Wetterschlüssels mit der Enigma-Chiffre. Während der Marinenachrichtendienst im Hinblick auf den operativen Einsatz deutscher U-Boote nahezu »blind« war, hatte das deutsche Gegenstück zu Bletchley Park, der Funkbeobachtungsdienst (B-Dienst) den Schlüssel der Royal Navy No. 3 [»Naval Cypher No. 3«, Anm. d. Übers.] geknackt, der im Juni 1941 als gemeinsames Schlüsselsystem zwischen britischen, kanadischen und Kriegsschiffen der Vereinigten Staaten für Geleitschutzoperationen auf den Konvoirouten im Nordatlantik eingeführt worden war. Dönitz erhielt nachrichtendienstliche Erkenntnisse in »Real-Zeit«, und die Seekriegsleitung war in der Lage, die Fahrtroute eines Konvois etwa zwölf Stunden im voraus zu berechnen. Die »Blindheit« des alliierten Nachrichtendienstes und die Fähigkeit der Deutschen, unsere Konvoivorbereitungen, also Details zu Transportmöglichkeiten und Geleitschutz, Geschwindigkeit und Kursen mitzulesen, kamen ausgerechnet zu einer Zeit, als Admiral Dönitz eine weitere großangelegte U-Boot-offensive startete, um Großbritannien durch Aushungern zum Waffenstillstand zu zwingen. Zu Beginn der neuen Offensive standen ihm 249 U-Boote zur Verfügung, ihre Versenkungszahlen beliefen sich im Juni auf 700 000 Tonnen, im November auf 730 000 Tonnen alliierten Schiffsraums. Im Januar 1943 befanden sich 400 U-Boote unter seinem Kommando. Die meisten von ihnen besaßen verbesserte Offensivqualitäten, wurden von erfahrenen Besatzungen geführt und waren mit einem neuen elektronischen Gerät bestückt, das sie vor einer Annäherung mit Radar ausgerüsteter Flugzeuge warnte. Dies ließ den Booten genug Zeit, um in Sicherheit abzutauchen. Admiral Dönitz war zuversichtlich, daß der Ausgang dieser kriegsentscheidenden Schlacht, von der er glaubte, sie bringe Deutschland den Sieg, in seiner Macht stand.

DRITTES KAPITEL

Die Schlacht im Atlantik – Entscheidung im Zweiten Weltkrieg

Die ereignislosen ersten sechs Monate des Zweiten Weltkriegs sind als »Sitzkrieg« bekannt geworden. Es gab nichts neues an der schwerbefestigten Maginot-Linie; die britische Expeditionsarmee saß untätig in Frankreich herum; die befürchteten Luft- und Gasangriffe auf London und andere Städte waren ausgeblieben; und die Hauptaufgabe der RAF schien darin zu bestehen, Propagandaflugblätter über Deutschland abzuwerfen. Im Krieg zur See jedoch gab es kein Herumsitzen. Er war vom ersten Tag an voll im Gange.

Am Sonntag, den 3. September, um 11.00 Uhr vormittags hielt Premierminister Neville Chamberlain, der Architekt jener Appeasement-Politik, die Großbritannien kaum gerüstet in den Krieg ziehen ließ, eine Rede an die Nation, in der er erklärte, welch schweren Schlag ein erneuter Krieg Großbritanniens gegen Deutschland für ihn bedeute. Der deutsche Diktator Adolf Hitler hatte ein Ultimatum verstreichen lassen, die deutschen Truppen aus Polen zurückzuziehen, wo sie drei Tage zuvor einmarschiert waren. Mit kaum verhüllten Drohgebärden zögerte Frankreich die Kriegserklärung noch bis 17.00 Uhr hinaus.

Am selben Abend, um 21.00 Uhr, wurde der 13 581 Tonnen große Passagierdampfer ATHENIA auf der Fahrt nach Montreal mit 1103 Reisenden sowie 305 Besatzungsmitgliedern an Bord vor Rockall torpediert und versenkt; 118 Menschen, unter ihnen 28 Amerikaner sowie Kinder, die vor erwarteten Luftangriffen in Sicherheit gebracht werden sollten, verloren ihr Leben. Diese Tragödie gleich zu Beginn des Seekrieges erinnerte an die Versenkung der LUSITANIA im Jahr 1915, als 1198 Menschen, darunter 128 Amerikaner, starben. Der LUSITANIA-Fall bedeutete damals den Auftakt zum uneingeschränkten U-Bootkrieg, der 1917 wiederum den Kriegseintritt Amerikas zur Folge haben sollte.

(Das U-Boot war ursprünglich als Waffe für Terroristen ersonnen worden. Es war das Geistesprodukt von John Philip Holland, einem Mitglied der Irish Fenian Brotherhood, der ein britisches Schlachtschiff in die Luft jagen wollte, um Aufsehen zu erregen und Schrecken zu verbreiten. Er wanderte nach Amerika aus und entwickelte das erste U-Boot für die U.S.-Navy, zudem entwarf er die ersten fünf Tauchboote für die Royal Navy. Über Wasser wurden seine Boote von einem Kraftstoffmotor angetrieben, der die Batterien eines sauerstoffunabhängigen Elektromotors auflud, wenn sich das Boot unter Wasser befand. Es tauchte, indem Ballasttanks mit Seewasser gefüllt wurden, und wurde das Wasser mittels komprimierter Luft hinausgedrückt, stieg das Boot wieder an die Oberfläche.)

Am Tag der Kriegserklärung wurde Winston Churchill zum Ersten Lord der Admiralität ernannt, ein Amt, das er nach der mißglückten Unternehmung gegen die Dardanellen im Ersten Weltkrieg hatte niederlegen müssen. Der deutsche Propagandaminister, Dr. Josef Goebbels, behauptete, daß Churchill britischen Zerstörern befohlen habe, die ATHENIA als Sabotageakt zu torpedieren. Goebbels mußte später eingestehen, daß ein überenthusiastischer U-Bootkommandant das Passagierschiff mit einem Truppentransporter verwechselt hatte. Churchill wertete dies als Erklärung des uneingeschränkten U-Bootkrieges und ordnete unverzüglich an, daß Handelsschiffe in Geleitzügen unter dem Schutz der Marine fahren mußten; das Konvoisystem war im Ersten Weltkrieg erst nach Jahren schwerer Schiffsverluste eingeführt worden.

Nach der Machtergreifung Hitlers im Jahr 1933 wurde dem Oberbefehlshaber der Kriegsmarine, Admiral Erich Raeder, mitgeteilt, etwa 1944 auf einen Konflikt mit Großbritannien vorbereitet zu sein. Als England wegen des Angriffs auf Polen den Krieg erklärte – Chamberlain hatte nach Hitlers Einmarsch in die Tschechoslowakei lediglich die Hände gerungen –, wähnte sich die deutsche Marineleitung schlecht gerüstet, um den Kampf mit der größten Seemacht der Welt aufzunehmen. Am Vorabend des Krieges hatte Admiral Raeder jedoch entschieden, zur See die Initiative zu ergreifen, und sandte zwei moderne Panzerschiffe sowie achtzehn U-Boote auf Wartestellung in den Atlantik, um britische und alliierte Handelsschiffe zu vernichten – dies war der Beginn des entschlossenen Versuchs, Großbritannien auszuhungern. Eines der Panzerschiffe, die ADMIRAL GRAF SPEE, konnte neun Handelsschiffe im Südatlantik versenken, bevor sie im Dezember im Gefecht vor dem La Plata auf drei britische Kreuzer stieß. Wegen erhaltener Trefferschäden suchte sie Zuflucht in dem uruguayischen Hafen Montevideo; neun Tage später versenkte die Besatzung ihr Schiff selbst. Dem anderen Panzerschiff, der DEUTSCHLAND, gelangen nur zwei Versenkungserfolge, bevor es mit Maschinenproblemen den Rückmarsch antreten mußte. Sie fiel deshalb bei Hitler so sehr in Ungnade, daß er ihre Umbenennung in LÜTZOW anordnete.*

Die britische Öffentlichkeit war angesichts dieses ersten großen Sieges im Südatlantik endlich wieder guten Mutes. Obwohl die Navy als die einzige ernsthaft kämpfende Teilstreitkraft angesehen wurde, hatte es bis zu diesem Zeitpunkt im Grunde nur Meldungen über Erfolge der U-Boote gegeben: Noch keine zwei Wochen nach Kriegsbeginn versenkte ein U-Boot den Flugzeugträger COURAGEOUS; im Oktober drang ein anderes Boot durch die Netzsperren in den wichtigsten Flottenstützpunkt, Scapa Flow, ein und torpedierte das Schlachtschiff ROYAL OAK; und im November wurde der Hilfskreuzer RAWALPINDI versenkt, nachdem er kurz zuvor über Funk gemeldet hatte, er habe die DEUTSCHLAND gesichtet (in Wirklichkeit war es die SCHARNHORST gewesen).

---

* *Anm. d. Übers.*: Der Vorschlag zur Umbenennung der DEUTSCHLAND stammte von Admiral Raeder und wurde von Hitler aus Prestigegründen gebilligt, da »unerwünschte psychologische Belastungen« in Marine und deutscher Öffentlichkeit bei einem Verlust des Schiffes befürchtet wurden, siehe Michael Salewski, Die deutsche Seekriegsleitung, Bd. 1: 1935–1941, Frankfurt a.M. 1970, S. 159.

Zwei Monate nach der Selbstversenkung der GRAF SPEE gab es weiteren Beifall für die Marine, als der Zerstörer H.M.S. COSSACK das Versorgungsschiff der GRAF SPEE, die ALTMARK, in einem norwegischen Fjord enterte und 229 Besatzungsmitglieder der durch das Panzerschiff versenkten Handelsschiffe befreite. Ein an die unter Deck festgehaltenen Gefangenen gerichteter Ausruf von Able Seaman James Harper – »Die Navy ist da!« – produzierte aufmunternde Schlagzeilen.*

Die Aktion der COSSACK lieferte einen Hinweis darauf, welch große Zahl an Handelsschiffen versenkt wurde. Selbstverständlich gab es in diesem harten Kampf gegen die U-Boote um die lebenswichtigen Seeverbindungen Großbritanniens keine öffentlichen Bekanntmachungen. Wie im Ersten Weltkrieg war die Schlacht im Atlantik auch im Zweiten Weltkrieg die längste und wichtigste militärische Auseinandersetzung. (Im April 1917, dem schlimmsten Monat beider Weltkriege, versenkten die U-Boote 881 000 Tonnen Handelsschiffsraum, Großbritannien besaß an unentbehrlichen Versorgungsgütern nur noch Vorräte für drei Wochen. Alles in allem gingen 4837 Schiffe mit zusammen 11 135 000 Tonnen verloren. Die Verlustziffer der U-Boote betrug 178; 176 kapitulierten im November 1918.)

Trotz der lähmenden Verluste in den Jahren 1914–1918 war die britische Handelsflotte 1939 die größte aller seefahrenden Nationen; sie umfaßte nahezu ein Drittel der Welthandelstonnage und rangierte gleichauf mit den vereinigten Flotten der drei nächstfolgenden Rivalen zur See, den Vereinigten Staaten, Japans und Norwegens. Als Norwegen besetzt wurde, befanden sich die meisten seiner Handelsschiffe auf See, alle liefen daraufhin britische Häfen an. Dänische, holländische und belgische Schiffe folgten größtenteils nach. Später stieß eine große griechische Flotte zur alliierten Handelsschiffsarmada hinzu. Großbritannien standen nun insgesamt weitere 700 Schiffe zur Verfügung, und unter Einbeziehung von 480 000 Tonnen Schiffsraum, der im neutralen Schweden gechartert wurde, konnten etwa drei Millionen Tonnen an Transportkapazität bereitgestellt werden – dies bedeutete eine Steigerung um 85 Prozent.

Als im Jahr 1937 erneut der Ausbruch eines Krieges drohte, richtete die Admiralität das Shipping Defence Advisory Committee ein und ließ Seeleute der Handelsmarine durch Verbindungsoffiziere in Schiffsverteidigung unterweisen. Hunderte von Handelsschiffen erhielten Decksverstärkungen zum Einbau von Luftabwehrgeschützen, Tausende von Seeleuten wurden zu Geschützführern ausgebildet.

Nach dem Ende des Ersten Weltkriegs fuhr die mächtige deutsche Hochseeflotte, zusammen 74 Einheiten, in die Internierung nach Scapa Flow; bevor die Flotte jedoch unter den Siegermächten aufgeteilt werden konnte, wurde sie von den eigenen Besatzungen versenkt. Die Bedingungen des Deutschland auferlegten Versailler-Vertrages erlaubten lediglich den Aufbau einer maritimen

---

* Der Onkel des Autors wurde für seine Teilnahme an der Befreiungsaktion mit der Distinguished Service Medal ausgezeichnet.

Pro-forma-Streitmacht, der Bau von U-Booten war völlig untersagt worden. Deutsche U-Bootkonstrukteure gründeten 1922 eine Firma in Holland, wo sie ihre Arbeit als Konstruktions- und Beratertätigkeit im U-Bootbau für die Marinen Japans, Schwedens, Argentiniens, Spaniens und der Türkei fortsetzten. Der ehemalige U-Bootkommandant Wilhelm Canaris, später Leiter des deutschen militärischen Nachrichtendienstes, der Abwehr, war daran beteiligt. Die U-Boote wurden in Kiel im Verborgenen zusammengebaut.

Karl Dönitz, im Ersten Weltkrieg mit dem Eisernen Kreuz ausgezeichnet, übernahm im September 1935 das Kommando über die drei U-Boote der ersten Flottille, im Jahr darauf erhielt er seine Ernennung zum Führer der U-Boote. Er hatte ein U-Boot im Mittelmeer befehligt und war im Oktober 1918 von den Briten gefangengenommen worden, nachdem er sein beschädigtes Boot selbst versenkt hatte. Dönitz täuschte eine Geisteskrankheit vor und verbrachte kurze Zeit in einer Nervenklinik in Manchester, bevor er im Juli 1919 vorzeitig entlassen wurde. Als Kommandant eines Torpedoboots kehrte er in Marinedienste zurück.

Als der Krieg erneut ausbrach, war Dönitz zum Sieg in der Atlantikschlacht entschlossen, weil ihm bewußt war, daß es die U-Boote im Jahr 1917 fast geschafft hätten, Großbritannien zum Ersuchen um Waffenstillstand zu zwingen. Er war verbittert, als das Blatt sich wendete und die britische Blockade demgegenüber ein hungerndes Deutschland um Waffenstillstand ersuchen ließ. In der neuen, zweiten Runde wollte er es England mit gleicher Münze heimzahlen. Allerdings hatte Hitler 1938 unter der Bezeichnung »Z-Plan« ein Rüstungsprogramm aufgestellt, das eine Flotte von Riesenschlachtschiffen vorsah, die die britische Marine von den Weltmeeren vertreiben sollte. Der Plan versprach Dönitz zwar ebenso jene 300 Boote, die er nach eigenem Ermessen vor der Wiederaufnahme des Krieges gegen England benötigte. Aber mit einem solch frühzeitigen Kriegsausbruch hatte Hitler nicht gerechnet und lediglich zwei Schlachtkreuzer sowie drei »Westentaschen-Schlachtschiffe« von kaum 12 000 Tonnen Verdrängung waren fertiggestellt. Letztere waren vor allem für einen Einsatz als Handelsstörer entworfen worden und nicht, um es mit britischen Großkampfschiffen aufzunehmen. Jedoch schnitten sie im Vergleich mit den alternden Schlachtschiffen der Royal Navy in Geschwindigkeit, Bewaffnung und Panzerung günstig ab.

Unterdessen war die britische Marine durch wirtschaftliche Sparmaßnahmen und Forderungen nach Abrüstung stark geschrumpft. Bereits 1922 wurden auf der Grundlage des umstrittenen Washingtoner Flottenabkommens 12 der 27 Großkampfschiffe der Marine verschrottet und in allen anderen Bereichen die Mittel gekürzt. Bei Kriegsausbruch besaß die Royal Navy 12 Schlachtschiffe, 3 Schlachtkreuzer, 62 Kreuzer, 7 Flugzeugträger und 2 Mutterschiffe für Wasserflugzeuge. Die Überwasserstreitkräfte der deutschen Marine bestanden aus den Schlachtkreuzern SCHARNHORST und GNEISENAU, 3 »Westentaschen-Schlachtschiffen«, 6 Kreuzern, 17 Zerstörern und weiteren Hilfsschiffen. Die Super-Schlachtschiffe BISMARCK und TIRPITZ, der Flugzeugträger GRAF ZEPPELIN sowie 4 Schwere Kreuzer waren in Bau. Während die deutschen Überwasserstreitkräfte die längste Zeit in ihren Häfen lagen, mußte die Royal Navy ihre schweren Schiffseinheiten zumeist dazu einsetzen, ihr Abschreckungspotential aufrechtzuerhalten oder auf die wenigen tatsächlich durchgeführten Unternehmungen großer Kampfeinheiten gegen die Handelsschiffahrt zu reagieren. Von Beginn an war das U-Boot die Hauptwaffe der deutschen Kriegsmarine, und der Zerstörer war sein gefährlichster Gegner. Als die Schlacht im Atlantik begann, besaß die Royal Navy lediglich 165 Zerstörer, viele von ihnen stammten noch aus dem Ersten Weltkrieg. Weiterhin standen 35 Korvetten und 20 bewaffnete Trawler zur Verfügung, die mit Asdic, einem neuen Unterwasser-Ortungsgerät zur U-Bootbekämpfung, ausgerüstet waren. Um den Bedarf an Geleitfahrzeugen zu decken, waren in den letzten Friedensjahren Aufträge für Korvetten und andere, schnell und billig zu bauende Fahrzeuge vergeben worden. Nachdem Winston Churchill im Dezember 1940 Präsident Franklin D. Roosevelt die für Großbritannien tödliche Gefahr der ständigen und sich weiter verschlimmernden Abnahme des Handelsschiffsraums in einem verzweifelten Schreiben geschildert hatte, überließen die Vereinigten Staaten Großbritannien 50 alte Zerstörer im Austausch für Marinestützpunkte in Britisch-Westindien, auf den Bermudas und in Neufundland.

Da der Krieg früher kam als erwartet, hatte Dönitz nur 57 U-Boote statt der 300 Boote zur Verfügung, die er als notwendig erachtete, um einen dichten Blockadering um Großbritannien zu legen. Von diesen wiederum besaßen 32 Boote nur einen geringen Fahrbereich, sie konnten kaum weiter als in der Nordsee oder vor jenen britischen Häfen eingesetzt werden, wo die Hauptschiffahrtslinien zusammenliefen. Immerhin erzielten diese kleinen 250-Tonnen-Boote bemerkenswerte Erfolge, bis die britischen Verteidigungsmaßnahmen ihren Einsatz im Küstenvorfeld zu kostspielig werden ließen. Nach Hitlers Angriff auf die Sowjetunion im Juni 1941 wurden die kleineren U-Boote in der Ostsee und im Schwarzen Meer stationiert und eingesetzt

Die übrigen U-Boote, mit etwa 626 Tonnen Verdrängung, einem Fahrbereich von über 6000 Seemeilen und ausgerüstet mit elf Torpedos sowie einer Besatzung von 44 Mann, waren dazu in der Lage, vor den Western Approaches zu operieren, dem Brennpunkt der Blockade gegen Großbritannien.

Seit Kriegsbeginn erhielt der U-Bootbau in der deutschen Marine mit einem umfangreichen Fertigungsprogramm für Einheiten des größeren Typs die höchste Priorität. Von diesen atlantikfähigen Standard-U-Booten wurden 705 auf verschiedenen Werften gebaut. Später entstanden auch U-Boote mit 1000 Tonnen Verdrängung, bestückt mit 22 Torpedos, sowie 2000 Tonnen große U-Tanker, die vierzehn U-Boote mit Kraftstoff, Torpedos und sonstigen Vorräten versorgen konnten. (All diese Boote waren keine richtigen Unterseeboote, man könnte sie eher als Tauchboote bezeichnen: sie mußten aufgetaucht mit ihren außenluftabhängigen Dieselmotoren fahren, um die Batterien für den Unterwasserantrieb aufzuladen. Da die geringe Kapazität der Batterien den Fahrbereich mit Elektromotoren einschränkte, erreichten die U-Boote ihre Aufstellungsräume nur, wenn sie sich aufgetaucht bei Nacht mit ihren Dieseln fortbewegten.)

Für die britische Armee und die RAF war der »Sitzkrieg« im April 1940 mit der deutschen Invasion Dänemarks und Norwegens beendet. Die Marine deckte die Anlandung britischer, französischer und polnischer Truppen in mehreren Häfen Mittelnorwegens, mußte sie jedoch kurz darauf wegen der wütenden Angriffe deutscher Sturzkampfbomber wieder evakuieren; dies war die erste einer ganzen Reihe teuer bezahlter Lehrstunden über die Unverzichtbarkeit landgestützter Lufthoheit bei Flotten- und Heeresoperationen.

Danach kämpfte die Navy in zwei heftigen, mit Artillerie und Torpedos geführten Gefechten zwischen Zerstörern in dem weiter nördlich gelegenen Hafen von Narvik, wo deutsche Schiffe Truppen angelandet hatten. Zehn gegnerische Zerstörer wurden versenkt. Damit war der Weg für die Einnahme des Hafens und die Landung von 25 000 Mann alliierter Truppen frei. Hurricanes und Jagddoppeldecker vom Typ Gladiator, deren Geschwader auf eroberten Flugplätzen stationiert waren, gaben Luftunterstützung. Dieser erste alliierte Erfolg war in einem ansonsten katastrophal verlaufenden Feldzug allerdings nur von kurzer Dauer. Als die volle Entfaltung der deutschen Blitzkrieg-Taktik mit Panzerkolonnen, die von Sturzkampfbombern unterstützt wurden, im Juni Westeuropa in Flammen setzte, mußte der Feldzug in Norwegen abgebrochen werden.

Narvik wurde am 8. Juni von den alliierten Truppen geräumt, und die Piloten der Hurricanes und Gladiators, die zuvor die Stukas abgewehrt hatten, machten ihre ersten Deckslandungen auf dem Flugzeugträger GLORIOUS. Die meisten von ihnen starben, als die GLORIOUS noch am selben Tag zufällig auf die beiden deutschen Schlachtkreuzer SCHARNHORST und GNEISENAU stieß. Die GLORIOUS wurde zusammen mit ihren beiden Begleitzerstörern ARDENT und ACASTA versenkt, obgleich ein Torpedo der ACASTA die SCHARNHORST so schwer beschädigte, daß sie den Rückmarsch antreten mußte. Dies war nur ein Teil jenes Tributs, den die Navy in Norwegen entrichten mußte; die deutsche Kriegsmarine hatte jedoch weit schwerere Verluste.

Mehrere britische Kriegs- und Handelsschiffe überstanden die Angriffe von U-Booten nur, weil deren Torpedos versagten. Das deutsche U-Boot-Ass Günter Prien beklagte sich bei Dönitz, daß er mit Sicherheit das Schlachtschiff WARSPITE versenkt hätte, aber mit einem – nach seinen Worten – »Holzgewehr« nicht kämpfen könne. Von anderen U-Bootkommandanten kamen ähnliche Beschwerden. Die Ursache wurde in einer fehlerhaften Zündpistole gefunden. Bis die Deutschen jedoch 1942 eine zuverlässige Pistole entwickelt hatten, nutzten sie die Kopie eines britischen Modells mit Aufschlagzünder, das im Mai 1940 an Bord des Minen-U-Boots SEAL entdeckt worden war, nachdem es im Skagerrak vor einem deutschen Wasserflugzeug die Waffen gestreckt hatte.

Die Royal Navy erlitt während des Abtransports der britischen Expeditionsarmee von den Stränden bei Dünkirchen weitere schwere Verluste. Da Zerstörer die größten Kriegsschiffe waren, deren Einsatz in Küstennähe die Admiralität riskieren konnte, wurden von 39 an der Evakuierung beteiligten Einheiten sechs durch Bomben versenkt und 19 beschädigt. Kurz darauf folgte die unvorstellbare Katastrophe der Eroberung Frankreichs und des Verlusts einer verbündeten Flotte mit 5 Schlachtschiffen, 1 Flugzeugträger, 15 Kreuzern, 75 Zerstörern und 59 U-Booten. Churchill, der gerade das Amt des Premierministers von Chamberlain übernommen hatte, war bis zum Äußersten dazu entschlossen, um zu verhindern, daß diese Schiffe den Deutschen in die Hände fielen. Als der französische Admiral Darlan sich weigerte, seine Flotte nach Martinique, einer Kolonie in Französisch-Westindien, zu überführen, mußte Admiral Sir James Somerville, Befehlshaber der britischen Mittelmeerflotte, widerstrebend der Anweisung folgen, die Großkampfschiffe des ehemals Verbündeten in Oran unter schweren Verlusten von Menschenleben zu versenken. England demonstrierte Rücksichtslosigkeit und signalisierte, daß es erstens dazu entschlossen war, den Kampf auch bis zum bitteren Ende weiterzuführen, und zweitens nicht daran dachte, um Waffenstillstand zu bitten. Von der Französischen Marine war erwartet worden, daß sie sich hauptsächlich um die italienische Flotte kümmern solle. Als Italien wenige Tage vor dem Zusammenbruch Frankreichs in den Krieg eintrat, stieg die Belastung für die Royal Navy weiter an. Die Flotte Italiens umfaßte 6 Schlachtschiffe, 19 Kreuzer, 61 Zerstörer und 105 U-Boote. Der knappe Sieg der RAF in der Luftschlacht um England hatte Hitler im ansonsten eher entmutigenden Jahr 1940 im Herbst von einer Invasion Abstand nehmen lassen, jedoch stellte die deutsche Besetzung der 5000 Kilometer langen Küstenlinie Westeuropas von der Arktis bis an die spanische Grenze eine neue, weit tödlichere Bedrohung dar.

Die U-Boote befanden sich jetzt auf der Schwelle zu den Western Approaches, und somit war die Schiffahrt auf den Versorgungswegen Großbritanniens weit anfälliger gegen Angriffe geworden. Dies kennzeichnete den Auftakt zur Schlacht im Atlantik, der längsten und wichtigsten militärischen Konfrontation des Zweiten Weltkriegs. Die U-Boote waren nunmehr in der Lage, bis 25 Grad westlicher Breite zu operieren, genau in jene Lücke hinein, die zwischen dem Endpunkt des Geleitschutzes für Konvois aus Halifax und dem Beginn der Geleitsicherung vor der Einfahrt in die Western Approaches lag.

Während der deutschen Invasion Dänemarks und Norwegens hatten die Briten Weitsicht bewiesen und waren möglichen deutschen Unternehmungen gegen die dänischen Färöer-Inseln und gegen das im mittleren Nordatlantik liegende Island zuvorgekommen; dies erwies sich im Nachhinein als unschätzbarer Vorteil. Der Irische Freistaat jedoch, seit 1921 unabhängig, verweigerte sich britischen Wünschen nach Wiedereinzug in zwei ehemalige Marinestützpunkte, um im Gegenzug das Versprechen zu erhalten, nach Beendigung des Krieges über die Vereinigung mit den sechs loyalistischen Grafschaften in Nordirland zu verhandeln. Die Inbetriebnahme der beiden Stützpunkte hätte den Schutzschirm für die Schiffahrt um 200 Seemeilen nach Westen erweitert und unzweifelhaft britische Schiffe und Menschenleben gerettet. Stattdessen dienten die Buchten Irlands manchmal deutschen U-Booten als Schlupfwinkel.

Von den größeren U-Boote konnte nunmehr eine ausreichende Zahl in Dienst gestellt werden, so daß Admiral Dönitz unmittelbar Nutzen aus der Nähe der U-Bootbasen an der französischen Küste zu den Konvoirouten im Atlanitk ziehen konnte. Bereits am 5. Juli verlegte U-30 (unter dem Kommando von Fritz-Julius Lemp) nach Lorient am Golf von Biscaya. Kurz darauf operierten acht Flottillen von Brest, Lorient, La Pallice und St. Nazaire aus. Zur Brennstoffergänzung nutzten sie auch Häfen im faschistischen, aber neutralen Spanien sowie den Kanarischen Inseln im Atlantik. Der Angriff auf die Konvoirouten lief nach folgendem Muster ab: In Norwegen und Frankreich stationierte Langstreckenaufklärer vom Typ Focke-Wulf Condor spürten die Geleitzüge auf und gaben Kurs, Geschwindigkeit sowie die Anzahl der Geleitschiffe an die Befehlsstelle der U-Boote in Lorient durch. Von dort wurden bis zu zehn U-Boote in das betreffende Seegebiet beordert, um einen Suchstreifen in vorlicher Position zum Konvoi zu bilden, der sich auf seinem Marsch nach der Geschwindigkeit des langsamsten Schiffes richten mußte.

Während der ersten Monate der Operationen von Häfen an der Biscayaküste aus wurden 38 Schiffe (zusammen 382 000 Tonnen) versenkt; dies war zwar weniger als ein Viertel jener Zahl an Handelsschiffen, die in den schlimmsten Monaten des Jahres 1917 vernichtet worden waren, aber die Aussichten waren trübe. Im August ließ Hitler sämtliche Einschränkungen in Bezug auf die Angriffsziele fallen. In diesem Monaten stiegen die alliierten Schiffsverluste auf 394 000 Tonnen, im September auf 442 000 Tonnen an.

Im Oktober wurden 17 Schiffe aus dem langsamen, mit nur 7 Knoten Geschwindigkeit fahrenden Konvoi SC 7, der sich auf dem Weg nach England befand, versenkt und zwei weitere schwer beschädigt – zum ersten Mal hatte Admiral Dönitz die Rudeltaktik angewandt, die Jagd in »Wolfsrudeln«. Zur selben Zeit griff ein anderes Wolfsrudel den Konvoi HX 79 an, wegen der stärkeren Geleitsicherung ging jedoch nur ein Viertel der Handelsschiffe verloren. Die konzentriert auftretenden U-Boote überschwemmten die wenigen Sicherungsfahrzeuge, die jedem Konvoi zur Verfügung standen.

Auch die »Westentaschen-Schlachtschiffe« stellten eine permanente Bedrohung dar. Im November 1940 versenkte das Panzerschiff ADMIRAL SCHEER den britischen Hilfskreuzer JERVIS BAY. Dessen Kommandant, posthum mit dem Victoria Cross ausgezeichnet, hatte den von ihm eskortierten Geleitzug angewiesen, sich zu zerstreuen, während er den weit mächtigeren Geschützen des Gegners ein Gefecht lieferte. Die SCHEER konnte sich schließlich einer Verfolgung entziehen und operierte im Südatlantik sowie im Indischen Ozean, bevor sie im April 1941 sicher nach Kiel zurückkehrte; sie hatte 14 Handelsschiffe und die JERVIS BAY versenkt sowie zwei weitere als Prisen aufgebracht. Viel schwerer als jene 100 000 Tonnen Schiffsraum, die die SCHEER versenken konnte, wog jedoch die anhaltende Störung des Konvoisystems und die von ihr verursachte Dislozierung von Marineeinheiten.

Die Schiffahrt auf dem Atlantik bzw. die Schiffsbesatzungen fielen darüber hinaus Langstreckenbombern vom Typ Focke-Wulf Condor zum Opfer. Um diese zu bekämpfen, wurden Hurricane-Jäger per Katapult von Handelsschiffen aus gestartet. Nach dem Angriff auf eine Condor hing das Überleben des Hurricane-Piloten davon ab, ob er in der Nähe seines Schiffes notwassern und dann aufgefischt werden konnte. Den Hurricanes gelang lediglich der Abschuß einer einzigen Condor; die Maßnahme erwies sich jedoch insofern als erfolgreich, als die Langstreckenbomber künftig davon abgehalten wurden, einem Konvoi zu nahe zu kommen.

Die Zahl der im Atlantik operierenden U-Boote nahm von Januar bis April 1941 um ein Drittel zu. Binnen zweier Monate versenkten sie 142 Schiffe mit zusammen 815 000 Tonnen, die Lebensmittel und wichtiges Kriegsmaterial transportierten. Auf diesem Tiefpunkt der Schlacht im Atlantik hielt Churchill seine bewegende Rede im Rundfunk, die auf Seite 20 bereits erwähnt wurde. Korvettenkapitän Günther Heßler, der Schwiegersohn von Admiral Dönitz, versenkte mit U-107 im Mai sowie Anfang Juni 14 Schiffe mit 86 700 Tonnen – Rekordergebnis für eine einzige Feindfahrt.

Im Mai sandte Admiral Raeder das Schlachtschiff BISMARCK (41 700 tons) und den Schweren Kreuzer PRINZ EUGEN in den Nordatlantik. Er verknüpfte damit die Erwartung, daß beide Schiffe noch weit schwerere Schläge gegen die Nachschubkonvois führen würden. Geplant war, daß die BISMARCK britische Kriegsschiffe beschäftigen sollte, während die PRINZ EUGEN den Geleitzügen nachstellte. Von britischen Schlachtschiffen verfolgt, trafen die 38-cm-Geschütze der BISMARCK die Munitionskammern der alten HOOD, und sie flog in die Luft. Von 1419 Mann der Besatzung konnten nur drei gerettet werden. Die BISMARCK verschwand, dank Ultra konnte jedoch ihr Funkverkehr beobachtet werden, so daß sie schließlich gestellt und nach massiven Angriffen britischer Kriegsschiffe und Flugzeuge versenkt wurde.

Während der ersten Schlacht im Atlantik, von 1914 bis 1918, hatte die deutsche Seite auch Handelsschiffe mit 15-cm-Geschützen und Torpedos ausgerüstet, die über Einzelfahrer in entlegenen Seegebieten herfielen. Im Frühjahr 1940 verließen sechs solcher Hilfskreuzer ihre Häfen in Deutschland, nachdem, wie im Falle der U-Boote, peinlich genaue Vorbereitungen zur Kraftstoffergänzung vornehmlich auf See getroffen worden waren. Da die Versorgungsschiffe strikte Funkstille zu wahren hatten, wurden die Hilfskreuzer sowie die U-Boote vor ihrer Ausreise über die Standortangaben ihrer Versorgungsschiffe auf deren abgelegenen Positionen im Atlantik informiert. Ultra konnte sie deshalb nicht aufspüren. Allerdings wurden sämtliche Versorger kurz nach der Jagd auf die BISMARCK versenkt, nachdem Schiffe und Flugzeuge sie ausfindig gemacht hatten.

Im November 1941 erhielt der erfolgreichste der getarnten Handelsstörer, die ATLANTIS, auf dem Rückmarsch in die Heimat den Befehl, U-Boote im Südatlantik zu versorgen. Seit ihrer Ausreise aus Deutschland im März 1940 hatte sie 22 Schiffe mit zusammen über 150 000 Tonnen versenken können – dreimal so viele als die GRAF SPEE. Der neue Einsatzbefehl mußte ihr per Funkspruch mitgeteilt werden, und somit war Ultra in der Lage, das Seegebiet, in das die ATLANTIS umgeleitet wurde, exakt zu bestimmen. Am 22. November entdeckte das Bordflugzeug der Kreuzers DEVONSHIRE ein verdächtiges Handelsschiff – der Hilfskreuzer war von der DEVONSHIRE bei der Versorgung eines U-Boots überrascht worden. Das Boot tauchte sofort weg, die ATLANTIS gab ihre Maskerade als holländisches Schiff auf und ließ die Geschütztarnung fallen. Dann jedoch erhielt die Besatzung den Befehl, das Schiff zu verlassen. Die DEVONSHIRE eröffnete das Feuer, und die ATLANTIS begann zu sinken. Die Briten drehten daraufhin ab, ohne sich um die Schiffbrüchigen zu kümmern, weil sie wußten, daß ein U-Boot in der Nähe war. U-126 lief zur Untergangsstelle und nahm 308 Besatzungsmitglieder auf, schleppte sie drei Tage lang in Rettungsbooten hinter sich her, um sie dann an den U-Bootversorger PYTHON abzugeben.

Die Funkstille mußte deshalb erneut gebrochen werden, und Ultra konnte die Position der PYTHON feststellen. H.M.S. DORSETSHIRE, das Schwesterschiff der DEVONSHIRE, ertappte sie am 1. Dezember bei der Kraftstoffversorgung zweier U-Boote. Die PYTHON wurde versenkt, während die Boote erneut entkommen konnten. Die Besatzung der PYTHON sowie die Überlebenden der ATLANTIS, zusammen 414 Mann, wurden wiederum von den auf den Schauplatz zurückkehrenden U-Booten aufgenommen. Später stießen zwei weitere deutsche sowie vier italienische Boote hinzu; die Schiffbrüchigen konnten die Rettungsboote aufgeben, und die völlig überfüllten Unterseeboote liefen während der Weihnachtsfeiertage in St. Nazaire ein. Etwa um dieselbe Zeit wurden zwei weitere Handelsstörer versenkt, drei andere Einheiten erreichten Häfen in Europa. Aufgrund dieser britischen Erfolge wurde die Bereitstellung von Überwassereinheiten zur Versorgung von U-Booten aufgegeben. Allerdings waren längst Vorbereitungen getroffen worden, die Boote auf See durch einen neuen U-Boottyp logistisch zu unterstützen; der erste U-Tanker stellte noch im Dezember in Dienst.

Hitler traf Ende 1941 zwei Entscheidungen, welche die englischen Verluste an Handelsschiffen im Atlantik reduzierten. Zum einen wies er einen widerstrebenden Dönitz an, 23 U-Boote in das östliche Mittelmeer zu verlegen, um die Verluste einzudämmen, die die Royal Navy den Versorgungsschiffen Rommels zufügte. Zum andern erklärte Hitler den Vereinigten Staaten kurz nach dem japanischen Angriff auf Pearl Harbor am 9. Dezember den Krieg. Dönitz schickte 1000-Tonnen-Boote mit großem Fahrbereich an die amerikanische Ostküste, und die U-Boot-Waffe genoß, was ihre Besatzungen »die glückliche Zeit« nannten. Die kleineren 500-Tonnen-Boote waren nach Brennstoffergänzung aus den ersten U-Tankern, bei den Alliierten als »Milchkühe« bekannt, in der Lage, daran teilzuhaben.

Während ihres operativen Einsatzes auf der anderen Seite des Atlantik wurden die U-Boote von zwei Faktoren begünstigt: Die amerikanischen Küstenstädte beachteten die Verdunkelungsvorschriften nicht, und somit hob sich die Küstenschiffahrt schön vor dem Hintergrund ab. Ferner erachtete der Oberbefehlshaber der amerikanischen Flotte, Admiral Ernest King, das Konvoisystem als eine Verteidigungsmaßnahme, die den Traditionen der U.S.-Navy unangemessen sei.

King war davon besessen, Vergeltung für Pearl Harbor zu üben, so daß sein Blick stets auf den Kriegsschauplatz im Pazifik gerichtet blieb. Die britische, kanadische sowie die alliierten Flotten im Exil trugen somit die Hauptlast in der wichtigen Schlacht im Atlantik. Zwischen Januar und Juli 1942 wurden 460 Schiffe (mit zusammen etwa 2,3 Millionen Tonnen), einschließlich Tankern aus Venezuela, vor der amerikanischen Ostküste versenkt. Mit Unterstützung von 25 Einheiten der Royal Navy, auf die sie im Grunde nicht verzichten konnte, wurde das Konvoi-System schließlich doch eingeführt, daraufhin gingen die Verluste zurück. Im weiteren Verlauf des Krieges setzten die Amerikaner kleinere Luftschiffe, sogenannte »Blimps«, zur Aufklärung über den Konvois ein. Sie erwiesen sich als äußerst effektiv.

Unterdessen hatten die Deutschen im Februar 1942 einen grandiosen Propagandacoup gelandet; es war ein Unternehmen, das die britische Bevölkerung genauso fassungslos und bestürzt zurückließ wie die Einnahme der Seefestung Singapur durch die Japaner wenige Tage später. Nachdem sie untätig und unter ständiger Bedrohung durch Luftangriffe im französischen Hafen Brest gelegen hatten, gelang SCHARNHORST, GNEISENAU und PRINZ EUGEN im Februar 1942 ein schneidiger Durchbruch durch den Ärmelkanal. Allerdings blieb nur die PRINZ EUGEN während der Torpedoangriffe durch Flugzeuge und Zerstörer unbeschädigt; zehn Tage später wurde sie durch das britische U-Boot TRIDENT vor Norwegen torpediert und schwer beschädigt; die PRINZ EUGEN konnte jedoch nach Kiel zurückkehren. Die beiden Schlachtschiffe wurden durch Minen beschädigt, die britische Flugzeuge ihnen in den Weg gelegt hatten. Drei nächtliche Bombardements der RAF setzten die GNEISENAU dann vollkommen außer Gefecht. Die SCHARNHORST mußte für ein halbes Jahr in die Werft.

In Deutschland feierte man die Flucht aus Brest wie einen Triumph, Admiral Raeder mußte jedoch eingestehen: »Es war ein taktischer Sieg, aber eine strategische Niederlage.« Für Großbritannien lag die Bedeutung dieser Ereignisse darin, daß die Gefahr durch Großkampfschiffe nun in norwegischen Gewässern lauerte.

Die schlimmste Geleitzugkatastrophe ereignete sich im darauffolgenen Juli aus Furcht vor einem Angriff der TIRPITZ. Nach Ultra-Erkenntnissen erschienen die Bewegungen des Schlachtschiffes als Bedrohung des Konvoi PQ 17 auf seinem Weg nach Murmansk, und die Admiralität erteilte den Befehl zur Auflösung des Geleitzugs. Infolge konzentrierter Luftangriffe durch Heinkel-Torpedobomber und U-Boote sanken 24 der 35 Handelsschiffe. Tatsächlich hatte Hitler abgelehnt, die TIRPITZ einer Gefahr auszusetzen, als sie von einem britischen U-Boot und Flugzeugen entdeckt wurde. (Churchill teilte Stalin daraufhin mit, daß der Einsatz zu hoch sei, Nachschubgüter auf dieser kürzesten Route zu liefern. Von 811 Schiffen in 40 Rußland-Konvois gingen 92 verloren.)

Dönitz war stets davon überzeugt gewesen, daß im Nordatlantik die Entscheidung dieses Krieges fallen mußte, und deshalb hatte er die Befehle Hitlers nur sehr widerstrebend befolgt, seine U-Boote auf andere Kriegsschauplätze zu verlegen. Er wußte, daß es darauf ankam, Großbritannien von seinen Nachschublinien über den Atlantik abzuschneiden. Im Jahr 1942, zu Beginn der gefährlichsten U-Bootoffensive, standen ihm mehr als jene 300 Boote zur Verfügung, die er stets verlangt hatte, außerdem besaßen sie verbesserte Torpedos.

Nach einem tragischen Zwischenfall im September nahm der U-Bootkrieg an nie gekannter Brutalität zu: U-156, eines der größeren Boote, hatte den Truppentransporter LACONIA mit 2600 Menschen an Bord versenkt; darunter befanden sich auch 1800 italienische Kriegsgefangene. Als der Kommandant des U-Bootes, Korvettenkapitän Werner Hartenstein, stoppte, um Überlebende aufzunehmen, stellte er bestürzt fest, daß sie Italiener waren. Er setzte einen internationalen Notruf in englischer Sprache ab, in dem er erklärte, Schiffe, die zur Hilfeleistung kommen würden, nicht anzugreifen. Hartenstein überlud sein Boot mit Schiffbrüchigen, darunter auch einige in britischen und polnischen Uniformen, und begann damit, vier Rettungsboote in Richtung der afrikanischen Küste zu schleppen. Weitere deutsche sowie ein italienisches Boot erschienen und nahmen Schiffbrüchige auf. Am nächsten Tag, noch auf hoher See, wurde der Verband von einer B-24 Liberator der amerikanischen Marine entdeckt, und obwohl Hartenstein eine Rotkreuzflagge deutlich sichtbar am Kommandoturm angebracht hatte, erhielt der Pilot per Funk die Anweisung, das U-Boot anzugreifen. Die Liberator unternahm halbherzig zwei Anflüge, verursachte aber keine Schäden.* Dönitz ordnete den sofortigen Abbruch der Operation an; 800 Briten und Polen, jedoch nur 450 Italiener, wurden schließlich gerettet.

Kurz darauf erließ Dönitz einen allgemeinen Befehl an alle U-Boote, der sämtliche Rettungsversuche von Angehörigen versenkter Schiffe oder die Ausrüstung von Rettungsbooten untersagte. Der Befehl stellte fest: »Die Rettung (von Schiffbrüchigen) widerspricht den primitivsten Forderungen der Kriegführung nach Vernichtung feindlicher Schiffe und Besatzungen.« Diese Anweisung hätte für Dönitz das Todesurteil bedeuten können, als er in Nürnberg mit anderen nationalsozialistischen Größen vor Gericht stand, wenn Admiral Chester Nimitz, der Oberbefehlshaber der amerikanischen Marine, ihn in diesem Anklagepunkt nicht mit dem Hinweis entlastet hätte, daß »Kriegsschiffe der Vereinigten Staaten nach allgemeinem Grundsatz Überlebende nicht retteten.« Stattdessen wurde er wegen Vorbereitung eines Angriffskrieges zu zehn Jahren Haft verurteilt. In Großbritannien verhängte ein Kriegsgericht gegen den Kommandanten sowie die Offiziere von U-852 das Todesurteil durch Erschießen, weil sie Überlebende des griechischen Handelsschiffs PELEOUS im März 1944 mit Maschinenwaffen beschossen hatten.

Die neue U-Bootoffensive fiel in die Zeit der anglo-amerikanischen Landung in Französisch-Nordafrika. Geleitschutzaufgaben für die dorthin bestimmten Konvois, einige kamen direkt aus Amerika, reduzierten die Zahl der Sicherungsstreitkräfte, die für die wichtige Nordatlantik-Route nach England zur Verfügung standen, in besorgniserregendem Ausmaß. Sechs der großen Schnelldampfer,

---

* Anm. d. Übers.: U-156 wurde fünfmal von der Liberator angegriffen, wobei das Boot beschädigt und zahlreiche Schiffbrüchige getötet wurden, siehe Werner Rahn, Der Seekrieg im Atlantik und Nordmeer, in: Horst Boog u.a., Die Welt im Krieg 1941–1943. Bd I: Von Pearl Harbor zum Bombenkrieg in Europa, Frankfurt am Main 1992, S. 412.

unter ihnen die QUEEN ELIZABETH (84 000 Tonnen) und die QUEEN MARY (81 000 Tonnen) mußten sich in jenen Tagen auf ihre Geschwindigkeit bis zu 30 Knoten verlassen, um etwa 200 000 Mann alliierter Truppen über den Atlantik zu transportieren. Zu Beginn des Krieges waren sie in New York aufgelegt worden, um sie der Gefahr durch Bombenangriffe zu entziehen. Danach dienten die Schiffe als Truppentransporter, indem sie australische Divisionen in den Mittleren Osten brachten, später dann überführten sie eine große Zahl amerikanischer Truppen nach Australien – jeweils ohne Verluste.

Im November wurden 117 alliierte Handelsschiffe mit zusammen 700 000 Tonnen versenkt, weitere 100 000 Tonnen gingen durch Minen- und Bombentreffer verloren. Schwere Stürme schränkten dann im Dezember den Einsatz der U-Boote ein, und die Verluste gingen in diesem Monat auf 262 000 Tonnen zurück. Die durchschnittliche monatliche Verlustziffer betrug während des gesamten Jahres 650 000 Tonnen; dies entsprach etwa der doppelten Rate an Neubauten. Die Verluste an U-Booten dagegen beliefen sich nur etwa auf die Hälfte der neu vom Stapel gelaufenen Einheiten, und Ende 1942 verfügte Dönitz über 212 U-Boote im Vergleich zu 91 am Anfang des Jahres.

Die Deutsche Marineleitung hatte veranschlagt, daß eine monatliche Versenkungsrate von 800 000 Tonnen den Zustrom an Nahrungsmitteln sowie wichtigem Kriegsmaterial nach England eindämmen würde und ein hungerndes Großbritannien zum Ersuchen um Waffenstillstand zwingen mußte. Sie war auf dem besten Wege, diese verheerende Versenkungsrate tatsächlich zu erreichen.

VIERTES KAPITEL

Das siegreiche Schiff

Am 22. März 1941 – die Schlacht im Atlantik war gerade in vollem Gange – lief bei Walker in Newcastle upon Tyne der Rumpf eines neuen Kriegsschiffs vom Stapel, eines Schiffes, das den entscheidenden Beitrag zum Sieg leisten sollte, der damals so weit entfernt zu sein schien.

In jenen dunklen Kriegstagen gab es bei solchen Anlässen keine Feierlichkeiten. Nur ein paar Marineoffiziere hatten sich unter die Werftarbeiter, ihre Chefs sowie die Büroangestellten gemischt und beobachteten, wie der noch unfertige Rumpf die Helling verließ und in den vom Regen gepeitschten Tyne ablief. Der Kiel war am zweiten Weihnachtsfeiertag 1939 gelegt worden, und es sollten noch weitere vierzehn Monate vergehen, bis der Rumpf – vertäut an einer Landungsbrücke und von gegnerischen Bombenangriffen verschont geblieben – zum Kampfschiff ausgerüstet war. Die Arbeiten gingen den ganzen Sommer über sowie den folgenden, harten Winter von 1941/42 weiter, den kältesten Winter seit Menschengedenken, der als die dunkelste Periode des Zweiten Weltkriegs in Erinnerung geblieben ist.

Am 15. Juli 1942 wurde das brandneue Schiff einer zum größten Teil unerprobten Besatzung übergeben; die meisten von ihnen hatten sich »nur für die Dauer der Feindseligkeiten« zur Marine gemeldet. Die Kriegsflagge wurde gehißt, um den Zerstörer H.M.S. PETARD in Dienst zu stellen. Später übernahm der Londoner Stadtbezirk Paddington während einer nationalen »Warship Week« die Patenschaft. Eigentlich sollte das Schiff PERSISTENT heißen, stattdessen wurde ihm ein Name verpaßt, der im Lexikon wie folgt umschrieben wird: »ein primitiver Sprengkörper, der einem durchaus um die Ohren fliegen kann, bevor man imstande ist, ihn dem Gegner unterzuschieben«. Das war, im Grunde genommen, für ein Kriegsschiff eher unpassend, und auf jene unter ihren Besatzungsmitgliedern, die sich wegen der Namensgebung Gedanken machten, wirkte das nicht gerade vertrauenerweckend. Im Ersten Weltkrieg hatte ein Zerstörer namens H.M.S. PETARD während der Skagerrakschlacht das Torpedoboot V 29 der Kaiserlichen Marine mit einem direkten Torpedotreffer versenkt – diese Boote waren das deutsche Gegenstück zu einem Zerstörer, jedoch etwas kleiner und weniger stark armiert.

Im Zweiten Weltkrieg machte die PETARD während der ersten Indienststellung ihrem Namen alle Ehre, denn diese Zeit war ausgefüllt mit buchstäblich »explosiven« Kampfhandlungen, wobei einige davon selbstzerstörerisch waren. Ihr Werdegang war ungewöhnlich, denn sie blieb das einzige alliierte Kriegsschiff, das U-Boote der drei gegnerischen Marinen versenken konnte: ein deutsches, ein italienisches und ein japanisches. Ihrem Namen und mancher Unkenrufe zum Trotz überstand H.M.S. PETARD als einer von drei Zerstörern der ursprünglich acht Einheiten umfassenden P-Klasse den Krieg in verwendungsfähigem Zustand.

Die Schiffe der P-Klasse dienten unter der Typenbezeichnung Flotten-Zerstörer, weil sie schnell und mit sämtlichen Waffensystemen, inklusive Torpedos, komplett ausgerüstet waren. Ihre Bewaffnung bestand aus vier 10,2-cm-Geschützen, einer Pom-Pom mit vier Rohren, die auch Granaten verfeuern konnte, vier Oerlikon-Maschinengewehren, acht Torpedorohren und 100 Wasserbomben. Die Schiffe waren etwa 105 Meter lang, hatten eine größte Breite von 10,6 Metern, verdrängten 1540 tons und erreichten eine durchschnittliche Höchstgeschwindigkeit von 32 Knoten, obgleich die PETARD ihre Fahrt auf 36 Knoten steigern konnte. Die Besatzung bestand aus 211 Mann, davon 9 Offiziere; dies war etwa die doppelte Bemannung der ursprünglich vorgesehenen Sollstärke.

Die unteren Dienstgrade schliefen in Hängematten, die in den Decks im Vorschiff über den Backen hingen, an denen sie ihre in einer kleinen Kombüse zubereiteten Mahlzeiten einnahmen. Die Männer verstauten ihre Kleidung und andere Habseligkeiten in winzigen Fächern von der Größe eines Seesacks sowie in Bänken mit Sitzpolstern; ihre Wäsche wuschen sie in Kübeln. Die neun Offiziere wohnten in luxuriös ausgestatteten eigenen Kammern mit Kojen aus Holz und weiterem Mobiliar in vergleichsweise geräumigen Unterkünften im achteren Decksbereich.

Der erste Kommandant der PETARD war Lieutenant Commander S.H. Beattie. Während sich das Schiff noch in der Ausrüstung befand, wurde er auf den ehemaligen amerikanischen Zerstörer CAMPBELLTOWN versetzt. Beattie gelang es während eines Kommandounternehmens gegen den französischen Hafen St. Nazaire, die Schleusentore des »Normandie«-Docks zu rammen; er wurde für diese Leistung mit dem Victoria Cross ausgezeichnet. Das Dock war das einzige an der ganzen Atlantikküste, das groß genug war, um das Super-Schlachtschiff TIRPITZ aufzunehmen; es fiel für den Rest des Krieges aus.

Beattie wurde durch Lieutenant Commander Mark Thornton DSC RN ersetzt, dem vormaligen Kommandanten des Zerstörers HARVESTER. Sein Distinguished Service Cross hatte er im Oktober 1940 für die Versenkung von U-32 vor Nordirland erhalten. Er war von mittlerer Statur, stämmig, mit grauem, kurzgeschnittenen Haar und dem geschundenen Gesicht eines Boxers; ein Mann aus Granit. Den Offizieren und erfahrenen Besatzungsmitgliedern der PETARD war recht bald bewußt, daß ihn die zwei Jahre unerbittlichen Konvoi-Dienstes im Atlantik stark mitgenommen hatten, wobei der HARVESTER die Versenkung eines weiteren U-Bootes zuerkannt worden war. (Kaum ein Jahr nachdem Thornton das Kommando über die PETARD übernommen hatte, wurde die HARVESTER mit fast der gesamten Besatzung versenkt, nur 29 Mann überlebten. Ihre Wasserbomben hatten U-444 zum Auftauchen gezwungen, daraufhin ging die HARVESTER auf Rammkurs, wobei das U-Boot sich an der Unterseite des Rumpfes verfing, bevor es wieder freikam. Noch am selben Tag erhielt sie zwei Torpedotreffer von U-432; ihre Wasserbomben hatten den Angreifer zuvor jedoch beschädigt, so daß das U-Boot eine Stunde später auftauchen mußte und vom Zerstörer ACONIT der Freifranzösischen Streitkräfte gerammt und versenkt wurde.) Während des Ausbildungsabschnitts in Scapa Flow nahm Thornton seine Besatzung hart ran und machte sich deshalb sowohl bei den Offizieren als auch bei der Mannschaft nicht gerade beliebt.

Die operativen Einsätze der PETARD begannen Ende Juli 1942; sie gehörte zur Geleitsicherung eines Konvois, der um das Kap der Guten Hoffnung nach dem Mittleren Osten bestimmt war. Sie verließ Gourock, um sich mit der Konvoieskorte für zwölf größere Handelsschiffe zu vereinigen, die aus dem Kreuzer HAWKINS, einem Veteranen des Ersten Weltkrieges, dem Hilfskreuzer RANPURA und dem Zerstörer CATTERICK bestand. Der Verband erhielt am nächsten Tag Verstärkung von sieben Zerstörern, die aus Belfast ausgelaufen waren.

Die Nachschubgüter waren für die in schwere Bedrängnis geratene 8. Armee bestimmt, die zwischen dem damals siegreichen Afrika-Korps unter Feldmarschall Erwin Rommel und dem Suez-Kanal, der Lebensader des Empire, stand. Der lange Umweg um Afrika herum, der 54 Tage dauerte, war notwendig geworden, weil die beiden europäischen Achsenmächte, die eine Vielzahl von Flugplätzen auf Sizilien, an der Stiefelspitze Italiens sowie entlang der nordafrikanischen Küste besaßen, jeden Versuch zu einem kostspieligen Unterfangen machten, das Mittelmeer von Gibraltar aus zu durchqueren.

Während der ersten Nacht auf See, etwa um fünf Uhr morgens, befahl Lieutenant Commander Thornton den Radargasten Red Crang zu sich auf die Brücke, um ihn darauf aufmerksam zu machen, daß sie sich einem Seegebiet mit größerer U-Bootaktivität näherten. Dann hämmerte er mit der Faust in seine Handfläche und schrie: »Crang, bringen sie mir ein U-Boot!« Reg Crang notierte diesen Vorfall in einem Tagebuch, das er heimlich, unter Verstoß gegen die Dienstvorschriften führte, und dachte für sich, daß sein Kommandant über die begrenzten Möglichkeiten des RDF-Geräts (Radio Direction Finding) bei der U-Bootortung nicht ganz im Bilde sei. Er fügte dem hinzu: »Ich stammelte bloß, daß ich mein möglichstes versuchen werde und entfloh seiner furchteinflößenden Gegenwart, so schnell ich nur konnte.«

Am 1. August, zwei Tage nach der Abreise, hatten schießwütige Flakbedienungen auf einigen Handelsschiffen des Konvois bei unsichtigem Wetter zwei Sunderland-Flugboote des RAF-Coastal Command abgeschossen. Crang schrieb in sein Tagebuch: »Fürchterlich. Eines stürzte ganz in der Nähe ab und stand sofort in Flammen. Wir liefen, so schnell wir konnten, zur Absturzstelle, aber es gab keine Überlebenden, nur Wrackteile und ein paar jämmerliche Habseligkeiten der Besatzung. Ein paar Überlebende der anderen Sunderland wurden von H.M.S. LEDBURY aufgefischt.«

Eine Woche später befand sich die Besatzung der PETARD erneut auf Gefechtsstationen, weil der RDF-Gast einen Kontakt gemeldet hatte. Sieben Wasserbomben wurden geworfen, aber ohne sichtbaren Erfolg. Am selben Tag noch nahm das Asdic-Gerät, eine Ultraschall-Sende- und Empfangsanlage zur Ortung getauchter U-Boote, mehrere Echos auf, jedoch wurde nichts weiter unternommen. Der Name des Geräts ist aus den Anfangsbuchstaben des Allied Submarine Detection Investigation Committee abgeleitet. Es wurde im Ersten Weltkrieg entwickelt und später auch unter dem Begriff Sonar bekannt. Bei stürmischem Wetter war es kaum verwendungsfähig, und um Echos von kleineren Unterwasserzielen aufzuspüren, war es nicht effizient genug.

Alle zwölf Handelsschiffe kamen sicher an. Die angelandeten Truppen und Nachschubgüter erreichten Ägypten in einer sehr ernsten militärischen Lage. Rommels Afrika Korps stand nur etwa 100 Kilometer vor Alexandria, dem Hauptflottenstützpunkt im östlichen Mittelmeer, entfernt; die Eroberung des Suez-Kanals stand bevor.

Die PETARD machte an einer Boje in Port Said fest, in der Nähe des Standbilds von Ferdinand de Lesseps, dem Erbauer des Kanals. Statt ihre Reise fortzusetzen, um sich der britischen Fernostflotte anzuschließen, wurde sie nun Teil der 12. Zerstörer-Flottille und war dem Oberbefehlshaber in der Levante unterstellt. Damals hatten deutsche Stukas, die von ihren Stützpunkten auf Sizilien, in Nordafrika, Italien und Griechenland starteten, das maritime Gleichgewicht im Mittelmeer entschieden zu ihren Gunsten verändert. Noch im Dezember 1940 hatte die Royal Navy sehr schnell die Dominanz über die italienische Flotte erringen können, als 24 Torpedobomber des Flugzeugträgers ILLUSTRIOUS im Hafen von Tarent drei Schlachtschiffe versenkten und weitere beschädigten. (Der japanische Admiral Isoroku Yamamoto war bei einem Besuch Tarents von diesem Angriff beeindruckt; später befehligte er den Luftangriff auf Pearl Harbor.) Im März 1941 erlitt die italienische Marine im Gefecht bei Kap Matapan weitere schwere Verluste; diesen Erfolg teilte sich die Royal Navy mit Mavis Lever in Bletchley Park, die Enigma-Funksprüche über eine geplante Unternehmung schwerer italienischer Schiffseinheiten gegen einen alliierten Konvoi hatte entziffern können. Im April jedoch griff Hitler ein, um seinen italienischen Achsenpartner zu unterstützen. Seine Truppen überrannten Jugoslawien und Griechenland, unterstützt durch massive Formationen von Stukas, deren Piloten speziell für Angriffe auf Schiffsziele ausgebildet waren. Die 50 000 Mann britischer Truppen, die Griechenland zur Hilfe geeilt waren, mußten sich nach Kreta zurückziehen und wurden von der Navy im Schutz der Dunkelheit evakuiert.

Ultra lieferte nachrichtendienstliche Erkenntnisse über eine geplante deutsche Luftlandeoperation zur Einnahme Kretas. Das waren jedoch Informationen, die für die operative Kriegsführung nur einen geringen Wert besaßen, da die britischen Streitkräfte einer überwältigenden Zahl von Angreifern gegenüberstanden, obgleich die Navy Schiffe mit weiteren deutschen Verstärkungen versenken oder zur Umkehr zwingen konnte.

Ende Mai 1941 schließlich gelang der Navy, unter heftigen Schlägen von Stukas, der Abtransport von 34 000 Mann aus Kreta. Das Schlachtschiff WARSPITE erhielt schwere Trefferschäden; die Kreuzer FIJI, GLOUCESTER, ORION und DIDO sowie die Zerstörer KELLY, KASHMIR, HEREWARD und GREYHOUND wurden versenkt oder schwer beschädigt.

Die Flotte, zu der die PETARD in ihrem neuen Stützpunkt Alexandria im August 1942 stieß, war ziemlich dezimiert worden; sie bestand nur noch aus ein paar Kreuzern, zwei Zerstörer-Flottillen sowie kleineren Einheiten. In der

Hoffnung, britische Kriegsschiffe von Angriffen auf Rommels Nachschubkonvois nach Nordafrika abhalten zu können, ließ Hitler neben zahlreichen Stuka-Geschwadern noch 15 U-Boote vom Atlantik ins Mittelmeer verlegen. Der Verlust vieler Versorgungsschiffe war für Rommel während des gesamten Wüstenfeldzugs ein ständiges Problem.

Die PETARD erhielt ihren ersten Einsatzbefehl in diesen hart umkämpften Gewässern am 24. September 1942 um 4.00 Uhr morgens. Der Auftrag lautete, so schnell als möglich zu einem Verband zu stoßen, der sich aus den Kreuzern ORION und ARETHUSA sowie den Zerstörern PAKENHAM, PALADIN, JAVELIN, KELVIN und weiteren Einheiten zusammensetzte, um eine gemeldete gegnerische Landungsflotte abzufangen, die angeblich Kurs auf Zypern hielt. Die Meldung erwies sich als falscher Alarm. Die PETARD erhielt gerade ihren Rückmarschbefehl nach Port Said, als drei Torpedobomber vom Typ Ju-88 gesichtet wurden. Die Zerstörer legten eine Nebelwand, um die Kreuzer zu decken, und stießen dann zum Angriff auf die Flugzeuge aus dem Nebel hervor. Salvenfeuer vertrieb die Junkers-Maschinen.

Während des folgenden Monats nahm das Schiff an den wöchentlichen Verbandsübungen teil. Am 23. Oktober ortete das Asdic-Gerät der PETARD nahe der nordafrikanischen Küste ein U-Boot, der Zerstörer griff mit Wasserbomben an. Das U-Boot entkam, und der Kontakt ging verloren. Ganz in der Nähe hatte soeben die Schlacht von El Alamein begonnen, sie sollte den Wendepunkt des Landkrieges markieren. Reg Crang vertraute seinem Tagebuch an: »Als die Nacht hereinbrach, wurde der Himmel über der Wüste durch eine Explosion von Geschützfeuer erleuchtet, ein mächtiges Sperrfeuer, das den Auftakt zur lange erwarteten Offensive unserer Armee bedeutete.«

Eine Woche später ereignete sich die spektakulärste und tragischste Episode in der Chronologie der Kampfeinsätze der PETARD. Am 30. Oktober, kurz nach Tagesanbruch, meldete ein Sunderland-Flugboot einen Radarkontakt, vermutlich ein U-Boot, auf Position 31 Grad 47 Minuten Nord, 33 Grad 24 Minuten Ost, etwa auf halbem Weg zwischen Port Said und Tel Aviv. Die Zerstörer PETARD, PAKENHAM, DULVERTON und HURWORTH erhielten Order, sich auf die Suche zu machen. Während sich die vier Schiffe von Port Said aus mit Höchstgeschwindigkeit der angegebenen Position näherten, hatte der Zerstörer HERO unterdessen ebenfalls die Sichtmeldung des Flugzeugs aufgefangen. Er befand sich etwa 20 Seemeilen von der angegebenen Position entfernt und fuhr gegen 8.30 Uhr ein Suchquadrat ab, ohne jedoch Fühlung aufnehmen zu können. Weniger als vier Stunden später stießen die anderen Zerstörer hinzu, kurz darauf erschien auch eine Wellesley der Staffel 47 der RAF. Ihre Besatzung sichtete ein Periskop sowie die Umrisse eines U-Boots unter der Wasseroberfläche etwa fünf Meilen vom nächststehenden Zerstörer, der PAKENHAM, entfernt. Das Flugzeug warf eine Dreierserie von Wasserbomben vorlich des Tauchschwalls des U-Boots ab, die auf eine Detonationstiefe von etwa 10 Metern eingestellt waren. Da es jedoch keine Anzeichen für eine Beschädigung gab, schoß es mit der Signalpistole zwei weiße Leuchtkugeln, um die Position des U-Boots anzuzeigen.

Die Zerstörer näherten sich mit einer Geschwindigkeit von 31 Knoten und verminderten die Fahrt auf 15 Knoten, als sie die Position erreichten. Auf der PAKENHAM teilte der Führer der Flottille seine Einheiten in einer kastenförmigen Suchaufstellung ein. Ein Teil des Verbandes war damit beschäftigt, das Gebiet abzuriegeln, während die anderen Schiffe in Bereitschaft blieben, um Wasserbomben zu werfen, falls das Asdic-Gerät ein Echo meldete.

Etwa eine halbe Stunde lang, so erinnert sich Jack Hall, einer der Asdic-Gasten der PETARD, lauschten er und seine Kameraden angespannt auf ein verräterisches Geräusch, aber es passierte nichts. Das Wetter war schön, der Wind kam aus Nordwest mit Stärke 1 bis 2. Der Bericht der Admiralität über das Ereignis erwähnt, daß die Bedingungen für eine Asdic-Ortung ausgezeichnet waren. In seinen zwanzig Jahre später gemachten Aufzeichnungen hob der ehemalige Sub-Lieutenant Connell jedoch hervor, daß die Sonarbedingungen schlecht gewesen seien und das U-Boot begünstigten. Das Wasser wurde von unterschiedlichen Dichtegraden durchzogen und von Temperaturzonen unterbrochen, der Zustrom von Süßwasser aus dem Nildelta verschlimmerte das Ganze noch.

Nach etwa einer weiteren Stunde vergeblicher Suche meldete der Asdic-Raum auf der DULVERTON einen Kontakt. Die PETARD führte den Angriff an und warf um 12.57 Uhr acht Wasserbomben. Sie wurden vom achteren Teil des Schiffes aus abgefeuert und flogen hoch in die Luft, bevor sie etwa hundert Meter weiter in die See klatschten. Mehrere Sekunden lang geschah nichts, dies entsprach dem Zeitraum, den die Bomben benötigten, um auf der eingestellten Wassertiefe zu detonieren. Auf die Explosion folgten riesige Wasserfontänen. Als sich die Wasseroberfläche wieder beruhigt hatte, war die Besatzung enttäuscht, daß sie keinerlei Anzeichen eines Erfolgs, etwa Öl oder Wrackteile, entdecken konnte. Die DULVERTON fuhr einen Anlauf mit zehn Wasserbomben, und fünf Minuten später warf die PETARD zehn weitere. Gerade als sie zu diesem zweiten Angriff ansetzte, konnte die Besatzung der PETARD eine schwere Explosion, anscheinend unterhalb des Schiffes, vernehmen. Sie war auch auf den anderen Zerstörern zu hören, allerdings entstanden an der Wasseroberfläche keine Verwirbelungen, und kurz darauf hörte Jack Hall im Asdic-Raum ein zischendes Geräusch. Das Echo beschäftigte die Besatzungen der PETARD und zwei andere Schiffe etwa eine halbe Stunde lang, bis die PAKENHAM, die gemeinsam mit der HERO Suchquadrate um letztere Einheiten herum abgefahren hatte, weiter westlich das »Ping« der Bewegung eines U-Boots feststellte. Jetzt stand fest, daß die Explosion durch den Ausstoß eines Täuschkörpers, eines »Bold«, verursacht worden war.

Während der nächsten Stunde nahm die PETARD zusammen mit zwei weiteren Zerstörern die Position auf dem äußeren Ring ein, derweil fuhr die PAKENHAM zwei Angriffe mit jeweils acht Wasserbomben, die HERO warf sechs.

Eine Stunde später unternahm die PAKENHAM eine Reihe weiterer Anläufe und warf acht Wasserbomben, die HURWORTH zehn. Danach folgte die HERO, sie griff zunächst mit fünf, dann mit sechs Wasserbomben an.

Eine halbe Stunde verging, ehe die DULVERTON erneut ein Echo ausmachen konnte. Sie warf zunächst zehn Wasserbomben, dann acht, die PAKENHAM legte einen Teppich mit acht Bomben. Als sich die Wasseroberfläche beruhigt hatte, gab es noch immer keine Anzeichen für einen Erfolg.

Am späten Nachmittag fiel auf der HERO die Ruderanlage aus. Die PETARD löste sie innerhalb des Rings ab, während die PAKENHAM, die nur noch acht Wasserbomben an Bord hatte, die Leitung übernahm. In der nächsten halben Stunde war nur die DULVERTON in Aktion und warf acht weitere Wasserbomben. Es begann dunkel zu werden, und die Besatzung der PETARD befürchtete, daß das schwer zu fassende U-Boot entkommen könnte. Maat Eric Sellars im Asdic-Raum erklärte Lieutenant Commander Thornton, er glaube, daß sich das U-Boot in einer Tiefe von mehr als 150 Metern befinde, dies entsprach der maximalen Einstelltiefe für Wasserbomben der Royal Navy. Er schlug vor, Seife in die Öffnungen für die hydrostatische Zündung zu schmieren, damit sich der Wasserdruck langsamer aufbauen konnte und die Wasserbomben tiefer sanken, bevor sie detonierten. Able Seaman Francis Caudwell ging mit einem Stück Seife bewaffnet an die Arbeit, und um 18.42 Uhr warf die PETARD die erste der »eingeseiften« Wasserbomben. Es dauerte eine Ewigkeit, bis sie explodierten, aber dann war es soweit, und der Trick funktionierte. Das U-Boot bewegte sich und befand sich erneut in der festen Umklammerung des Asdic-Geräts.

Während der darauffolgenden Stunde fuhr die DULVERTON zwei Angriffe mit jeweils acht Wasserbomben, als sie keine Bomben mehr an Bord hatte, wurde sie von der HURWORTH abgelöst. Eine weitere Stunde verging ereignislos, bis die HURWORTH auf ein »Ping« des Asdic-Geräts mit fünf Wasserbomben antwortete, die auf unterschiedliche Detonationstiefen bis zu 80 Metern eingestellt waren.

An Bord der PETARD meldete Maat Sellars ein Echo, das sich mit etwa drei Knoten Fahrt fortbewegte. Die PETARD nahm ihre Position ein, um mit fünf Wasserbomben anzugreifen, die so eingestellt waren, daß das U-Boot zwischen den oberhalb und unterhalb stattfindenden Detonationen eingeklemmt war. Das Schiff nahm seine Angriffsgeschwindigkeit von 18 Knoten auf, die Fahrtrichtung war so gewählt, daß Kurs und Fahrt des U-Boots sowie die Sinkgeschwindigkeit der Wasserbomben nach dem Abrollen vom Heck des Schiffes und dem Abfeuern durch die Wabo-Werfer berücksichtigt wurden.

Die Besatzung der PETARD hatte sich etwa zehn Stunden lang ununterbrochen auf ihren Gefechtsstationen befunden, deshalb kam ihr die Zeitspanne zwischen Abwurf und Detonation wie eine Ewigkeit vor. In der Dunkelheit der Nacht schienen die Explosionen und die darauffolgenden weißen Wasserkaskaden in unmittelbarer Umgebung des Schiffes eine vernichtende Wirkung zu besitzen. Dann folgte eine tiefe Stille, die nur vom aufkommenden Wind und dem Klatschen der Wellen unterbrochen wurde. Die letzten Wasserbomben hatten diesmal jedoch ihr Ziel gefunden. Der Geruch von Diesel lag in der Luft, und aus dem Asdic-Raum ertönten Rufe, daß man ein U-Boot beim Ausblasen der Tauchtanks hören könne. Auf der Backbordseite, etwa 1000 Meter entfernt, erschien ein Schwall weißen Wassers. Von der Brücke ertönte der Befehl, den 10-cm-Suchscheinwerfer ins Spiel zu bringen. Bevor der mächtige Lichtstrahl jedoch sein Ziel erfaßt hatte, bediente der Signalmaat Robert Chapman die Morselampe an Backbord. Er beleuchtete einen Kommandoturm, auf dem die Umrisse eines weißen Pferdes aufgemalt zu sein schienen. Sekunden später fanden die starken Strahlen des Suchscheinwerfers zusammen mit einem Scheinwerfer der HURWORTH ihr Ziel: weiße Gestalten, die auf dem Kommandoturm auftauchten. Sie hasteten die Turmverkleidung entlang in Richtung der Geschützplattform oder sprangen in die See.

Lieutenant Commander Thornton befahl, das Feuer zu eröffnen, aber das U-Boot war so nahe, daß die 10,2-cm-Geschütze B und X nicht tief genug gerichtet werden konnten. Die PETARD fiel etwas ab, damit Geschütz B eine 10,2-cm-Granate abfeuern konnte. Sie durchschlug glatt den Kommandoturm des U-Boots, bevor sie detonierte. Danach konnten nur noch das Pom-Pom-Geschütz sowie die Oerlikons an Backbord tief genug gerichtet werden, um das Feuer zu eröffnen. Granaten der Pom-Pom und Geschosse der Oerlikons trafen den Bootskörper und verursachten weitere Einschußlöcher im Kommandoturm. John Mackness, Artillerist an einer Oerlikon, stand auf einer extra für ihn angefertigten hölzernen Plattform, weil er wegen seiner geringen Körpergröße das Geschütz nur mühsam nach unten richten konnte. 55 Jahre nach den Ereignissen erzählte er dem Autor in seiner Heimatstadt Gosport: »Ich habe auf den Kommandoturm ganz schön eingehämmert.« Auch die HURWORTH feuerte mit ihren Pom-Pom- und Oerlikon-Geschützen auf das U-Boot.

Als er erkannte, daß das Boot gestoppt lag und die Besatzung ihr Schiff verließ, bediente Lieutenant Antony Fasson, der neben dem Kommandanten auf der Brücke stand, die Klingel zur Einstellung des Feuers. Er wußte, daß der Kommandant beabsichtigte, ein U-Boot zu entern, bevor es wegen der durch Wasserbomben verursachten Schäden oder durch das Anbringen von Sprengpatronen sinken würde. Beide hatten sich mehrmals über Möglichkeiten unterhalten, eine Chiffriermaschine des Gegners oder Schlüsselunterlagen zu erbeuten. Als das U-Boot zum Auftauchen gezwungen wurde, erteilte Lieutenant Commander Thornton dem Artillerieoffizier, Sub-Lieutenant Connell, den Befehl, seine Station in der Feuerleitung zu verlassen und sich hinunter auf das Vorschiff zu begeben, um sich klar zur Übernahme eines Enterkommandos zu halten.

Unterdessen, etwa um 22.45 Uhr, hatte die PETARD beigedreht. U-559 lag tief im Wasser etwa 50 Meter entfernt an der Backbordseite, der Bug untergetaucht in einer zunehmend rauher werdenden See. Außerhalb des Lichtstrahls, den der Scheinwerfer der PETARD erzeugte, lag alles in tiefer Dunkelheit. Die DULVERTON umkreiste die Szenerie, um etwaige Angriffe anderer U-Boote abzuwehren.

Als Connell das Vorschiff erreichte, erschienen die Gesichter und Arme der auf die PETARD zuschwimmenden U-Bootbesatzung im Suchstrahl des Scheinwerfers. Die Kommandant rief zu ihm hinunter, er solle über Bord springen und zu dem U-Boot schwimmen. Connell schälte sich aus seinem feuerfesten Schutzanzug, während das Enterkommando antrat. Unter ihnen befand sich auch Ablebodied Seaman Colin Grazier, der seinen Overall auszog und erkärte, er wolle den Sub-Lieutenant begleiten. Dann trat Lieutenant Fasson aus der Dunkelheit hervor, er kam von Steuerbord, wo er das Abfieren des Kutters beaufsichtigt hatte. Aufgrund seiner Gespräche mit dem Kommandanten über die Absicht, an Bord eines U-Boots zu gelangen, um Schlüsselunterlagen zu erbeuten, hatte er ein Enterkommando unter anderem darin ausgebildet, eine Kette über einen geöffneten Kommandoturm zu werfen, damit die Einstiegsluke nicht mehr geschlossen werden konnte. Jetzt bot sich die Gelegenheit, das Ganze in die Praxis umzusetzen, und diese Chance wollte er sich nicht entgehen lassen. Die Mütze hatte er bereits abgenommen, dann schleuderte er seine Halbstiefel weg und streifte die Uniform ab, unterdessen erteilte er Connell andere Anweisungen. Weil Fasson selbst die Aufgabe übernahm, zu dem U-Boot hinüberzuschwimmen, sollte Connell an seiner Stelle nach achtern eilen, den Kutter zu Wasser lassen und so schnell wie möglich längsseits des U-Boots gehen. Dann sprang Fasson über Bord und schwamm auf U-559 zu, Able Seaman Grazier folgte ihm dichtauf.

Wegen der Dunkelheit und inmitten all der Aufregung und dem Durcheinander war man bislang davon ausgegangen, daß auch der Kantinenassistent Tommy Brown seine Kleidung abgelegt hatte und vom Mitteldeck des Schiffs ins Meer gesprungen sei, um den beiden zu folgen. So jedenfalls will es die Legende, die sich um seine mutige Tat rankt. Allerdings, während einer Untersuchung des Zwischenfalls, die die Marine auf Anordnung des Oberbefehlshabers in der Levante acht Monate später durchführte, wurde Brown gefragt: »Wie gelangten Sie an Bord des U-Boots?« Er antwortete: »Ich gelangte kurz vor dem Backbord-Kutter an Bord, als sich das Deck auf gleicher Höhe mit dem Kommandoturm befand. Ich stieg auf den Kommandoturm.« Dann fuhr er mit seiner Zeugenaussage fort:

»Zunächst war ich beim Festmachen behilflich – drei oder vier Leinen rissen, bis wir mit einer Manilatrosse festmachen konnten, die vom Schiff übergeben wurde. Dann stieg ich nach unten. Der Erste Offizier war bereits dort mit AB Grazier. Ich schleppte eine Menge Bücher nach oben und versuchte, ein Seil zu befestigen (vom oberen Ende des Kommandoturm nach unten), damit ich noch mehr noch oben bekommen konnte. Ich verließ die anderen, um das zu erledigen, dann stieg ich wieder hinunter.

Der Erste benutzte eine Maschinenpistole, um die Schranktüren in der Kammer des Kommandanten einzuschlagen. Dann probierte er einige der Schlüssel aus, die hinter einer Tür hingen und öffnete eine Schublade, nahm einige Verschlußsachen heraus und gab sie mir. Ich legte sie unter dem Turmluk auf dem Boden ab, und nachdem noch weitere Bücher in einem Schrank oberhalb der Koje des Kommandanten gefunden worden waren, schleppte ich sie mit den anderen nach oben.«

Nach der Lage im Innern des Bootes befragt, antwortete Brown:

»Es war stockdunkel – der Erste Offizier hatte aber eine Taschenlampe dabei. Das Wasser stand nicht sehr hoch, aber es stieg die ganze Zeit über ständig weiter an. Als ich das letzte Mal nach oben kam, war es etwa einen halben Meter tief. Genau vor dem Kommandoturm befand sich ein Loch, durch welches Wasser einströmte. Als ich durch den Kommandoturm in die Zentrale hinabstieg, spürte ich, wie es meinen Rücken hinunterlief. Auch dort, wo auf beiden Seiten des Turms die Panzerung eingedrückt war, kam Wasser herein.«

Brown fügte dem hinzu, daß er während seines dritten Aufenthalts unten im Boot bemerkte, wie der Erste Offizier versuchte, ein Gerät von der Bordwand in der Zentrale loßzureißen:

»Wir kriegten es auch von der Bordwand ab, aber es wurde von mehreren Kabeln festgehalten, also gaben wir es auf. Das Wasser stieg immer höher, und ich sagte zum Ersten Offizier, daß alle an Deck rufen würden, wir sollten von Bord gehen. Er gab mir noch mehr Bücher, ich schleppte sie hinauf und reichte sie an den Kutter weiter.

Als ich wieder durch das Turmluk nach unten sah, strömte das Wasser schon über das Oberdeck. Ich konnte Grazier erkennen, und dann erschien auch der Erste Offizier am Fuß des Kommandoturms. Ich rief zweimal: ›Ihr kommt jetzt besser rauf‹, und sie waren gerade dabei, als das Boot sehr rasch zu sinken begann. Mir gelang es noch, von Bord zu springen, und dann wurde ich vom Kutter aufgefischt.«

Able Seaman Kenneth Lacroix sagte vor der Untersuchungskommission aus, daß er von Backbord achtern an Bord des U-Boots gelangt sei und dabei behilflich war, eine Trosse am Kommandoturm zu befestigen. Dann stieß er zu Brown oben auf dem Kommandoturm und machte ein Seil fest, um die Bücher hochzuziehen. Er fuhr fort:

»Dann zog ich ein paar Bücher aus dem Kommandoturm nach oben, wartete, bis der Kutter längsseits gekommen war und gab sie weiter. Der Erste Offizier rief nach oben: ›Gehen Sie vorsichtig mit diesem Instrument um. Es ist sehr empfindlich.‹ Es war an einem Seil befestigt, damit wir es hochziehen konnten. Ich begab mich in die Zentrale (jene im Kommandoturm), und als sich der Kasten auf meiner Höhe befand, rief der Erste Offizier nochmals und meinte, wir würden es zu schnell hinaufziehen, es sei sehr empfindlich.

Als der Befehl kam, von Bord zu gehen, strömte Wasser ins Turmluk, und ich konnte den Kasten nicht mehr sehen. Ich befand mich als letzter im Kommandoturm und das Wasser schoß hinunter, und während ich die zwei obersten Stufen der Leiter hinaufstieg, mußte ich mich dagegenstemmen, um hinauszugelangen. Als ich vom Boot wegschwamm, spürte ich noch den Sog, und dann wurde ich vom Kutter aufgefischt. Auf dem Kommandoturm befand sich ein Verwundeter.«

Ablebodied Seaman G.W. MacFarlane sagte aus, daß er auf das Boot gelangte, als es sich längsseits der Backbordseite der PETARD befand und fügte hinzu:

»Ich lief mit dem Navigationsoffizier zum Kommandoturm und war beim Abbergen der Geheimunterlagen behilflich. Dann hievten wir einen Kasten nach oben zum Einstiegsluk. Ich nahm an, daß es ein empfindliches Instrument sei, da der Erste Offizier nach oben rief, wir sollten sorgsam damit umgehen. Dann kam der Befehl, von Bord zu gehen, und ich mußte den Kasten zurücklassen, weil das Wasser schon den Kommandoturm überspülte. Ich hatte gar nicht mitbekommen, daß das Boot sank. Es passierte ganz plötzlich.«

(MacFarlane wurde später auf ein U-Boot versetzt, das auf einer Einsatzfahrt verlorenging.)

Lieutenant Spens-Black RN, der Navigationsoffizier, erklärte vor der Untersuchungskommission, daß er an Bord des U-Boots gelangt sei, als es sich an der Backbordseite auf Höhe des vorderen Torpedorohrsatzes befand. Dann war er dabei behilflich, die Manilatrosse festzumachen und eilte zum Kommandoturm, wo gerade Verschlußsachen hochgehievt wurden. Er fuhr fort:

»Der Erste Offizier rief: ›Ein Kasten kommt nach oben. Seid vorsichtig, mir scheint, daß er sehr wichtig ist.‹ Wir zogen den Kasten hoch, plötzlich begann das Boot wegzusacken. Ich rief: ›Alle Mann von Bord‹, wir mußten den Kasten zurücklassen.« Als Spense-Black danach gefragt wurde, wie das Wasser ins Boot gelangte, antwortete er: »Ich habe zwar keine Informationen aus erster Hand, aber kurz nachdem er hinabgestiegen war, rief der Erste Offizier, daß das Boot vorn leckgeschlagen sei. Ich konnte nicht sehen, daß Wasser einströmte, die Bücher waren jedenfalls trocken, als sie oben am Einstiegsluk ankamen.«

Die Erinnerung daran, was in jener Nacht voller Anspannung von den Decks der PETARD aus in absoluter Finsternis, die nur durch die Lichtstrahlen der Scheinwerfer unterbrochen wurde, wahrgenommen werden konnte, ist nach so vielen Jahren verworren und widersprüchlich. Aber nach den Zeugenaussagen zu urteilen, die vor der Untersuchungskommission gemacht wurden, kann sich die PETARD nur für kurze Zeit längsseits des U-Boots befunden haben; dieser Umstand war Connell und seinem Enterkommando wohl nicht bewußt. Das Boot muß sehr schnell wieder freigekommen sein, da es in dem zunehmenden Wellengang heftig zu schlingern begann. Der von Connell befehligte Kutter wurde von Heck an der Backbordseite ausgesetzt, an einer Stelle, wo man nichts erkennen konnte, und er mußte in der kabbeligen See um das Schiff herumgerudert werden, bevor er das Boot erreichte. In seinen Aufzeichnungen macht Connell weder hierzu irgendwelche Angaben noch zu den Männern, die direkt von der PETARD aus an Bord des U-Boots gelangten. Er behauptet zudem, daß Tommy Brown zu dem U-Boot hinübergeschwommen sei. Sonderbarerweise war er nicht vor die Untersuchungskommission geladen worden.

Connel schreibt in seinem Buch darüber, wie er das U-Boot erreichte, nachdem er von deutschen Seeleuten behindert worden war, die sich am Dollbord des Kutters festklammerten. Er erwähnt die Stöße, die der Kutter in der kabbeligen See längsseits des U-Boots aushalten mußte. Er schildert, daß die Turmverkleidung von der See umspült wurde und der Bug tief im Wasser lag. Connell beschreibt seine Überraschung, als er Tommy Brown dabei beobachtete, wie dieser gerade die äußere Leiter zum Kommandoturm hinaufkletterte, und er erzählt, wie er Brown befahl, nicht mehr nach unten zu gehen, sondern Fasson und Grazier zuzurufen, daß beide sofort das Boot verlassen sollten. Er erwähnt, daß er selbst versuchte, auf den Kommandoturm zu gelangen, als das Boot sank, und daß man ihn in den Kutter zurückreißen mußte, damit er nicht von dem Sog erfaßt würde. Allerdings läßt er die drei anderen Besatzungsmitglieder der PETARD unerwähnt, die sich zu dieser Zeit noch auf dem Kommandoturm befanden, einer von ihnen wurde immerhin im Gefechtsbericht ehrenvoll erwähnt.

Connells Kutter zog Tommy Brown aus dem Wasser und blieb vor Ort, bis die Wasseroberfläche sich beruhigt hatte. Die Matrosen riefen wiederholt nach Fasson und Grazier. Ein deutscher Seemann, der verwundet auf dem Kommandoturm gelegen hatte, wurde an Bord genommen, aber von den beiden britischen Seeleuten fehlte jede Spur. Unterdessen muß der zweite Kutter wohl die drei anderen Besatzungsmitglieder der PETARD aufgenommen haben, während man in Connells Boot weiterhin darauf hoffte, Fasson und Grazier zu finden.

Der ehemalige Able Seaman Mervyn Romeril, der heute seinen wohlverdienten Ruhestand in seinem Haus in Bournemouth genießt, erinnert sich noch immer daran, wie der Steuerbord-Kutter mit dem Enterkommando klargemacht wurde: »Es war stockfinster, und wir konnten nur im Licht des Scheinwerfers erkennen, was vor sich ging. Da ich Ausguck an Steuerbord war, verdeckten mir die Aufbauten die Sicht auf das, was an der Backbordseite passierte. Die PETARD bewegte sich die ganze Zeit über nur langsam vorwärts. Einige von uns halfen den deutschen Überlebenden, die zu den an den Schiffsseiten ausgebrachten Netzbroken geschwommen waren. Sie waren in ihren nassen Uniformen nicht mehr in der Lage, nach oben zu klettern.«

In Whitham, in der Grafschaft Essex, erinnert sich der vormalige Leading Seaman Ted Saunders vor allem an das Chaos, das in jener Nacht herrschte: »Wenn die alten Bordkameraden der H.M.S. PETARD-Vereinigung sich treffen, scheinen sie eine Menge verschiedener Erinnerungen daran zu besitzen, was wirklich geschehen ist. Ich selbst weiß nichts davon, daß die PETARD längsseits des U-Boots ging oder daß der zweite Kutter zu Wasser gelassen wurde. Ich sah Fasson und Grazier über Bord springen und zu dem U-Boot hinüberschwimmen, allerdings habe ich gehört, daß Tommy Brown ihnen im Wasser schwimmend gefolgt sei.«

Einigkeit besteht jedoch darüber, daß die PETARD, deren Bordwände noch immer mit den Netzbroken drapiert waren, an denen einige der Besatzungsmitglieder des feindlichen Schiffes nach oben in Sicherheit und Gefangenschaft kletterten, schließlich längsseits von Connells Kutter ging. Und nachdem sie gestoppt hatte, um ihn an den Davits festzumachen, wurde der Kutter zurück an Bord genommen, während das Schiff wieder Fahrt aufnahm. Der Scheinwerfer wurde abgeschaltet, und die PETARD verließ die Gegend mit hoher Geschwindigkeit.

Der Bericht der Admiralität über die Versenkung von U-559 erwähnt, daß die PETARD beide Kutter ausgesetzt hatte, und man kann davon ausgehen, daß es der Backbord-Kutter war, der Lieutenant Spens-Black, Ablebodied Seaman Lacroix und Ablebodied Seaman MacFarlane schließlich aufnahm. Während der zehnstündigen Jagd hatte U-559 unter Wasser Zick-Zack-Kurse gesteuert und etwa 30 Seemeilen zurückgelegt. Der Bericht der Admiralität stellte abschließend fest, daß »der Kampf hauptsächlich durch Unnachgiebigkeit und Beharrlichkeit entschieden wurde«.

Der Kommandant von U-559, Korvettenkapitän Hans Heidtmann, hatte nach dem Auftauchen den Befehl zum Verlassen des Bootes erteilt. Er befand sich unter den drei überlebenden Offizieren und elf Unteroffizieren der Bootsbesatzung. Der Leitende Ingenieur bestätigte, daß er die Flutventile geöffnet hatte, bevor er der Anweisung folgte, von Bord zu gehen; er rechnete damit, daß das U-Boot jeden Augenblick sinken würde.

Die Besatzung des U-Boots sagte aus, daß sie während der Verfolgung 288 Detonationen von Wasserbomben gezählt habe, allerdings waren in 18 Anläufen nur 150 Bomben geworfen worden. Der Munitionsverbrauch der PETARD belief sich auf eine 10,2-cm- sowie 114 Pom-Pom-Granaten und 79 Schuß aus der Oerlikon. Die letzten Wasserbomben der PETARD hatten steuerbord achtern die Außenhaut des U-Boots eingedrückt. Unterdessen war die Luft im Boot stickig geworden, es schien, als ob sich überhaupt kein Sauerstoff mehr darin befinden würde, und der Kommandant erteilte den Befehl zum Auftauchen.

Was auf dem Kommandoturm wie die Umrisse eines weißen Pferdes aussah, war in Wirklichkeit ein stilisierter Esel, ein Anflug teutonischen Humors, da die Besatzung glaubte, daß man ihr zu Salami verarbeitetes Eselsfleisch aufgeschnitten hatte, als sie in Griechenland stationiert war. U-559 war eines der ersten Boote gewesen, die ins Mittelmeer verlegt wurden. Das Boot hatte Messina auf Sizilien am 29. September zu seiner zehnten und letzten Feindfahrt verlassen. Während eines früheren Einsatzes hatte es die australische Sloop PARRAMATTA und mehrere Versorgungsschiffe versenkt sowie erfolglos Torpedos auf die Zerstörer einer Geleitsicherung geschossen. Die letzte Feindfahrt von U-559 war ohne besondere Vorkommnisse verlaufen, bis das Boot gejagt und versenkt wurde.

Reg Crang, der sein Tagebuch weitergeführt hatte, teilte dem Verfasser mit, daß er annahm, Fasson und Grazier hätten einen Plan ausgearbeitet, wie man ein aufgetauchtes U-Boot rasch entern könne. Außerdem war er der Meinung, daß Fasson die Taschenlampe und die MPi in einem wasserdichten Beutel mitgenommen haben mußte, als er zu dem U-Boot schwamm. Er hat die dramatischen Ereignisse jenes Tages und jener Nacht in seinem Tagebuch notiert:

»Der Asdic-Kontakt konnte nur phasenweise hergestellt werden, die vier Zerstörer warfen abwechselnd schematisch ihre Wasserbomben ab. Die See wurde immer wieder heftig erschüttert, riesige Wasserfontänen wie bei einem Vulkanausbruch stiegen in die Luft. Die Besatzung war äußerst erregt, weil wir alle sicher waren, daß uns die Beute angesichts dieses erbitterten Bombardements nicht entkommen konnte. An der Wasseroberfläche waren jedoch keine Anzeichen von Beschädigungen zu erkennen, und während die Stunden vergingen, nahm unsere Begeisterung ab.
Als es dunkel wurde, nahmen die PAKENHAM und die HURWORTH die Suche in einem anderen Abschnitt auf, die PETARD blieb und übernahm die Führung, sie wurde von einem Zerstörer der Hunt-Klasse, der DULVERTON, unterstützt. Der Asdic-Kontakt ging jetzt für sehr lange Zeitabschnitte verloren, und wir ließen den Mut langsam sinken.
Jedoch etwa um 23.00 Uhr klingelten die Alarmglocken erneut. Ich eilte an Deck und sah das U-Boot, gefangen im Licht des Scheinwerfers. Es war ein furchteinflößender Anblick, ein dramatischer erster Blickkontakt mit dem Feind. Jemand rief, sich zum Rammen klarzumachen. Ich begann, meine Schwimmweste aufzublasen, obwohl ich wußte, daß sie undicht war.
Unsere Pom-Poms und die Oerlikon eröffneten das Feuer auf den Kommandoturm und bepflasterten ihn mit Granaten. Das U-Boot befand sich offensichtlich in einer mißlichen Lage, deshalb gingen wir langsam längsseits. Es war erfurchtgebietend, so nahe dem Feind gegenüberzustehen. Die Überlebenden sprangen ins Wasser und schwammen dann auf uns zu. Wir brachten Jakobsleitern und Netzbroken aus, damit sie an Bord klettern konnten. Unterdessen war ein Boot zu Wasser gelassen worden, um ein Enterkommando zu dem U-Boot überzusetzen. Bevor es dort ankam, hatten sich drei unserer Besatzung bis auf die Haut ausgezogen und schwammen hinüber.
Die Überlebenden begannen, die Leitern und Netze aufzuentern, aber sie waren sehr mitgenommen, und es war für sie eine Qual. Einer mit schrecklichen Bauchverletzungen blieb hängen und war nicht mehr in der Lage weiterzuklettern. Seine Kameraden versuchten ihm zu helfen, aber er rutschte aus und trieb ab. Ich lehnte mich über die Bordwand und griff nach einem von ihnen, dann zog ich ihn unter großen Anstrengungen an Bord. Ich zitterte vor Aufregung, daß ich einen Deutschen in meiner Gewalt hatte, und mir war so, als ob ich ihn zu Tode schüttelte. Wir trieben sie alle nach achtern, viele von ihnen zitterten angesichts ihrer Tortur. Sie erholten sich recht bald, einige waren sehr heiter und sogar überheblich.
Wir erfuhren jedoch sehr schnell, daß wir Gefallene hatten, ein tragischer Verlust, der uns alle sprachlos machte. Das Enterkommando unter Gordon Connell war ohne Tony Fasson und Colin Grazier zurückgekehrt. Sie gingen mit dem U-Boot unter, das so schnell gesunken war, daß sie nicht mehr rechtzeitig aus dem Kommandoturm herauskommen konnten. Der Erste Offizier war in die Zentrale hinuntergestiegen, um Dokumente und ge-

heime Chiffrierunterlagen zu sichern. Diese wurden an Colin Grazier und dann an Tommy Brown weitergereicht, der sich am Bootskörper festhielt, um das wichtige Material an das Enterkommando zu übergeben.

Das Kommando war gerade in Begriff gewesen, an Bord zu kommen, als das U-Boot mit den beiden tapferen Männern, die sich nicht bewußt waren, daß ihnen ein Unglück drohte, versank. Tommy Brown und Gordon Connell schafften es noch, in das Beiboot zu klettern, um dann mit der schlimmen Nachricht zurückzukehren.

Jimmy, so nannten ihn alle, war ein Mordskerl gewesen, er war auf dem Schiff beinahe eine Legende. Stattlich und überheblich, aber verdammt tüchtig, wurde er von allen bewundert. Auch für den einfachsten Matrosen hatte er immer ein Lächeln oder einen Scherz übrig. Wir alle können uns nicht vorstellen, daß es in der Navy je einen besseren Ersten Offizier gegeben hat.«

Als H.M.S. PETARD die Gegend mit hoher Fahrt verließ, wurde ein Funkspruch mit einer codierten Nachricht abgesetzt, der die Erbeutung von Dokumenten andeutete; daraufhin erhielt die PETARD den Befehl, mit äußerster Kraft Haifa anzulaufen, sie wurde von der DULVERTON begleitet. Dort wurden die Schiffe von Offizieren des Marinenachrichtendienstes erwartet, die die erbeuteten Unterlagen per Kurier nach London bringen ließen, von wo sie vermutlich eilig nach Bletchley Park, der britischen Zentrale der Codeknacker, weitergeleitet wurden. Unterdessen wurden die deutschen Gefangenen ausgeschifft, und die Besatzung der PETARD, eingeteilt in zwei Wachen, erhielt achtundvierzig Stunden Landgang, eine Wache löste die andere ab. Einige von ihnen besuchten Jerusalem, den Jordan, den See Genezareth und das Tote Meer.

Lieutenant Commander Thornton beschäftigte sich damit, Empfehlungsschreiben für Auszeichnungen an seine Besatzung anzufertigen. In der ehrenvollen Erwähnung Lieutenant Fassons stand: »Nachdem das U-Boot aufgetaucht war und sich ergeben hatte, sprang er vom Vorschiff über Bord und enterte das Boot mit großem Schneid. Er blieb unten und arbeitete in der Dunkelheit, obwohl er wußte, daß das Wasser anstieg und das Boot leckgeschlagen war. Er fuhr fort, Bücher und Instrumente herauszuholen, bis das Boot sank. In seinem Eifer, an wichtige Informationen zu gelangen, gab er sein Leben.«

Die ehrenvolle Erwähnung für Grazier enthielt folgendes: »Dieser ausgezeichnete junge Seemann folgte dem Ersten Offizier, indem er vom Vorschiff über Bord sprang und in kürzestmöglicher Zeit das U-Boot enterte. Er lieb unten und arbeitete in der Dunkelheit, während das Wasser höher stieg und er wußte, daß das Boot leckgeschlagen und es zu spät war, noch rechtzeitig herauszukommen. In seinem Eifer, an wichtige Informationen zu gelangen, gab er sein Leben.«

Über Brown schrieb er: »Ohne zu zögern, sprang er auf das U-Boot, um Lieutenant Fasson zu unterstützen. Er stieg dreimal in der Dunkelheit nach unten, um Bücher heraufzuholen, obwohl er wußte, daß das U-Boot an zwei Stellen leckgeschlagen war und ständig Wasser einströmte. Er gab ein gutes Beispiel ab für

Kaltblütigkeit und Tapferkeit in einer gefahrvollen Situation, dies zählt umso mehr, weil er noch sehr jung ist (16 Jahre).«

Als die Einzelheiten der Versenkung von U-559 und Thorntons Empfehlungsschreiben für Auszeichnungen die Admiralität erreicheten, wurde entschieden, daß Fasson und Grazier ein Maß an Tapferkeit bewiesen hatten, das mit der Verleihung des Victoria Cross gewürdigt werden mußte. Allerdings gab es starke Bedenken insofern, als die posthum verliehenen beiden Orden ein öffentliches Interesse für die Auszeichnungen erwecken konnten und daß der gegnerische Nachrichtendienst daraufhin versuchen würde, näheres über die Gründe der Verleihung zu erfahren. Seine Lordschaften erfanden eine Ausrede, indem sie erklärten, daß das Victoria Cross für bewiesene Tapferkeit im Angesicht des Feindes vorgesehen sei, im vorliegenden Falle sei die mutige Tat jedoch erfolgt, nachdem die Kampfhandlungen bereits eingestellt worden waren. Somit empfahlen sie die posthume Verleihung des George Cross, der höchsten Tapferkeitsauszeichnung für Zivilpersonen.

Eine Denkschrift des Honours and Awards Committee [Komittee für Ehrungen und Auszeichnungen: Anm. d. Übers.] stellte hierzu fest, daß die Frage der angemessenen Auszeichnung für Fasson, Grazier und Brown einige Schwierigkeiten bereite, obgleich Fasson und Grazier eine Leistung vollbracht hätten, die den Anforderungen an die Verleihung des George Cross/Victoria Cross mit Sicherheit genügen würde: »Um an Informationen von äußerster Wichtigkeit zu gelangen, nahmen sie die Herausforderung an, in ein U-Boot hinunterzusteigen, von dem sie wußten, daß es jederzeit sinken konnte: diese Tat kann man kaum als ›Himmelfahrtskommando‹ bezeichnen, da sie gehofft hatten, mit dem Leben davonzukommen, um die Information weiterzugeben.

Ihnen war völlig klar, daß sie ein hohes Risiko eingingen, und sie nahmen dies um der Informationen willen bewußt in Kauf. Für eine angemessene Würdigung ihrer Tapferkeit ist ferner die Tatsache von Belang, daß sie ihre Aufgabe erfüllten, obwohl das ansteigende Wasser sie erkennen ließ, daß die Gefahr ständig größer und größer wurde.«

Die Denkschrift führte weiter aus, daß einer informellen Anfrage an den Vorsitzenden des George Cross Committee [Komitee für die Verleihung des Georgskreuzes: Anm. d. Übers.] zu entnehmen sei, daß eine Verleihung des Ordens nicht in Betracht gezogen würde, da das George Cross für erwiesene Tapferkeit bei der Zivilverteidigung gegen Luftangriffe und deren Folgen begründet worden sei. Die Denkschrift schloß mit der Empfehlung, daß die Zustimmung zur Verleihung so weit als möglich dem George Cross Committee überlassen bleiben solle, und so wurde auch verfahren. Der größte Widerstand kam aus dem Finanzausschuß, der für Auszeichnungen an Veteranen zuständig war. Dort bat man um eine Erklärung und begründete dies wie folgt: »Das George Cross ist nicht als Auszeichnung für Leistungen, die unmittelbar auf Kampfhandlungen mit dem Gegner folgen, begründet worden.«

Die Anträge auf Verleihung des George Cross lösten einen umfangreichen Schriftverkehr aus, manches wurde sogar per Funk übermittelt. In einem Telegramm an den Oberbefehlshaber in der Levante vom 1. April 1943 erklärte J.P. Droop, der Vorsitzende des Honours and Awards Committee, daß das George Cross Committee der Überzeugung sei, die Verleihung des George Cross sei unangemessen. Die Auszeichnung solle aufgrund der Teilnahme an einer Kampfhandlung erfolgen. Sollte demnach der Oberbefehlshaber das Victoria Cross empfehlen? Am 8. April kam ein Antwortschreiben: »Ich möchte dringend darum bitten, daß nichts an die Öffentlichkeit gelangt, woraus geschlossen werden könnte, irgendetwas von Wert sei von dem U-Boot geborgen worden.« Ein Funkspruch vom selben Tag fügte dem hinzu: »Ich bedaure, daß ich das Victoria Cross leider nicht empfehlen kann. Das U-Boot war vom Gegner aufgegeben worden und befand sich längsseits der PETARD. Ich bin zuversichtlich, daß das George Cross für eine sehr tapfere Tat Lieutenant Fassons und Able Seaman Colin Graziers angemessen ist, da sie ein U-Boot bei Nacht geentert haben und im Boot blieben, obwohl es langsam vollief, und beharrlich sehr wichtige Dokumente und Instrumente bargen.« Sein abschließender Kommentar läßt eine gewisse Ungeduld erkennen: »Ansonsten empfehle ich im Gefechtsbericht eine ehrenvolle Erwähnung posthum.«

An dieser Stelle intervenierte der Direktor des Marinenachrichtendienstes und stufte die gesamte Korrespondenz als »Streng geheim« ein. Zudem hob er hervor, »daß das Wissen über die Bergung von Dokumenten und Gerät aus einem U-Boot auf einen ganz kleinen Kreis von Personen selbst innerhalb der Admiralität beschränkt bleiben muß. Auf gar keinen Fall darf ein solcher Zwischenfall an die Öffentlichkeit gelangen oder das Wissen darüber an Personen weitergeleitet werden, deren Dienstobliegenheiten die Kenntnis darüber nicht erfordern.«

Der Erste Lord der Admiralität bestätigte dies in einem Schreiben an Sir Robert Knox vom Schatzamt, in dem er zugunsten der höchsten Auszeichnung für Zivilpersonen argumentierte. Er vertrat den Standpunkt, daß die Kampfhandlungen beendet gewesen seien, die bewiesene Tapferkeit sei jedoch gleichbedeutend mit jeder anderen vergleichbaren Handlung unter Gefechtsbedingungen. Sein Brief endete wie folgt: »Da wir es hier mit dem Erwerb wichtiger Informationen aus Feindeshand zu tun haben, sollte diese Frage ›Streng geheim‹ behandelt werden.«

J.P. Droop widersetzte sich einem Versuch, die Auszeichnung für Tommy Brown auf die Verleihung der British Empire Medal herabzustufen. In einem Schreiben vom 19. Juli sollte er hierzu darlegen: »Er kletterte dreimal nach unten, um Bücher etc. heraufzuholen. Als er zum dritten Mal nach unten stieg, riefen die Leute an Deck. Das U-Boot sank, als er gerade nach oben kam, er sprang und wurde aus dem Wasser gefischt. Nach Ansicht der Admiralität qualifiziert ihn der Mut, den er bewiesen hat, für eine höhere Auszeichnung als den BEM.«

Während dieser Briefwechsel fortgesetzt wurde, gab die *London Gazette* am 12. Januar 1943 bekannt, daß Lieutenant Commander Mark Thornton DSC RN aufgrund eines erfolgreichen Angriffs gegen ein feindliches U-Boot als Kommandant von H.M.S. PETARD zum Träger des Distinguished Service Order ernannt worden sei. Am 23. März 1943 veröffentlichte die *London Gazette* dann folgende Bekanntmachung über Auszeichnungen »für Tapferkeit und Kühnheit während ihrer Dienstzeit an Bord von H.M.S. PETARD bei einem erfolgreichen Angriff auf ein feindliches U-Boot«: das Distinguished Service Cross für Lieutenant David Dunbar-Nasmith RN, die Distinguished Service Medal für den Signalmaat Randell Chapman sowie Leading Seaman Trevor Tipping, ehrenvolle Erwähnungen im Gefechtsbericht über Midshipman Peter Thomas Alleyne Goddard RN und den Signalgasten Kenneth Hannay.

Erst im August verfaßte Sir Henry Markham aus der Kanzlei des Schatzamts ein abschließendes Schreiben, in dem er erklärte, daß die Kontroverse über die Verleihung des George Cross einvernehmlich gelöst worden sei. Die Auszeichnungen wurden am 9. September durch den König genehmigt und am 14. September öffentlich bekanntgegeben. Die Verleihung des George Cross an Lieutenant Antony Blair Fasson und Ablebodied Seaman Colin Grazier »für außergewöhnliche Tapferkeit und unerschütterliche Pflichterfüllung angesichts drohender Gefahr« erschien ohne weitere Angaben in einer Bekanntmachung der *London Gazette*. Das Blatt zeigte zugleich die Verleihung der George Medal an den Zweiten Kabinenassistenten Thomas William Brown für »Tapferkeit und Pflichterfüllung angesichts drohender Gefahr« an. In der nächsten Ausgabe der *London Gazette* erschien eine Berichtigung, indem Fassons vollständiger Name mit Lieutenant Francis Antony Blair Fasson angegeben wurde.

Captain Stevens, der Kommandeur der 12. Zerstörer-Flottille an Bord der PAKENHAM, erhielt einen Balken zu seinem Distinguished Service Order. Die als »Streng geheim« eingestufte Empfehlung des Kommandanten der PETARD, Lieutenant Commander Mark Thornton DSO DSC RN, lautete: »Die Vernichtung von U-559 am 30. Oktober 1942 ist vor allem seinem Können, seiner Beharrlichkeit und seinen Führungsqualitäten während dieser langen und erfolgreichen Jagd zu verdanken.« Auf Empfehlung von Captain Stevens wurden die Kommandanten der PAKENHAM und der HERO mit dem Distinguished Service Cross ausgezeichnet. Das Empfehlungsschreiben Captain Stevens für eine Auszeichnung an den Kommandanten der PETARD deutet jedoch darauf hin, daß er nur unzureichende Informationen darüber besaß, was während des Gefechts der PETARD mit U-559 tatsächlich geschehen war. Darin stand zu lesen: »Nachdem das U-Boot aufgetaucht war, griff die PETARD an und ging anschließend längsseits, brachte eine Spiere aus und nahm das Boot in Schlepp, bevor es sank – eine außergewöhnliche seemännische Leistung, die zur Erbeutung einer Menge von Verschlußsachen führte.«

Weitere Auszeichungen wurden entsprechend den Empfehlungen des Kommandanten der PETARD bewilligt. Lieutenant Robert Eliot Frank de Pass RN, der Torpedooffizier: »Der begabte junge Offizier war mir eine sehr große Hilfe. Beim Einschätzen der Situation bewies er Weitblick und Einsicht. Seine Begeisterung während der gesamten Dauer der Jagd trug entscheidend zum Erfolg bei«; Maat Sellars: »Während der langen Verfolgung des U-Boots bediente er die meiste Zeit über das Asdic-Gerät. Er ist ein erstklassiger MSD (Hauptsonargast)«;

Ablebodied Seaman Kenneth Vivian Lacroix: »Er war vom MSD mit der Ablösung beauftragt worden, als dieser zu einer Erholungspause befohlen wurde. Er blieb auf dem Kommandoturm und versuchte, die letzten Sachen noch mitzunehmen, als das Wasser ihn beinahe mitriß, während das Boot sank«; Ablebodied Seaman Francis James Caudwell: »Während der gesamten Dauer der Operation bewieß er Verstand und Einsatzbereitschaft beim Klarmachen der Wasserbomben. Als er erkannte, daß eine Leine ausgebracht werden mußte, sprang er sofort über Bord und schwamm zu dem U-Boot hinüber.« (Hier irrte der Kommandant. Caudwell erklärte vor dem Untersuchungsausschuß, daß er direkt vom Deck der PETARD auf U-559 gelangte.)

Zwei Distinguished Service Medal gingen an Maate der PAKENHAM und der DULVERTON, drei Besatzungsmitglieder der DULVERTON, drei der HURWORTH und eines der HERO wurden im Gefechtsbericht ehrenvoll erwähnt.

Mit seinen sechzehn Jahren war Tommy Brown der jüngste Träger der George Medal, dennoch hatte er sich ein Jahr älter ausgegeben. Obwohl er noch nicht das erforderliche Mindesalter besaß, blieb er an Bord der PETARD, bis sie 1944 nach England zurückkehrte. Später wurde er zum Ersten Kabinensteward auf dem Kreuzer BELFAST ernannt (dem heutigen Museumsschiff auf der Themse). Während die BELFAST im Februar 1945 für den Krieg in Fernost ausgerüstet wurde, verbrachte Brown ganz in der Nähe einen Kurzurlaub bei seiner Familie in Lily Gardens, Ridges Estate; er erwartete täglich den Befehl zum Dienstantritt. Tommy Brown, gerade neunzehn geworden, und eine vier Jahre alte Schwester starben, als in den frühen Morgenstunden des 13. Februar 1945 Feuer ausbrach. Die Mutter, drei Brüder und sechs weitere Schwestern überlebten das Unglück. Der Vater, ein Royal Engineer, hatte eine Woche zuvor seinen Urlaub beendet. Die Mutter, Margaret Brown, erhielt im Juli 1945 eine Audienz in Buckingham Palace, wo ihr von König George VI. Tommys George Medal überreicht wurde. 1985 übergab die Familie die Auszeichnung zusammen mit fünf weiteren Ehrenzeichen sowie einer Uhr, die Tommy Brown von der NAAFI geschenkt worden war, dem Museum an der Zentralstelle der Truppenbetreuung in Amesbury, in der Grafschaft Wiltshire.

Lieutenant Commander Thornton übergab die Jacke eines deutschen U-Bootmannes der Walker-Werft in Newcastle, um ein den Werftarbeitern gegebenes Versprechen einzulösen, daß er ihnen einst Trophäen der Erfolge der PETARD zukommen lassen wolle.

Das empfindliche Gerät, das Lieutenant Fasson unbeschädigt erbeuten wollte und das schließlich seine Rettung verhindert hat, muß wohl die Enigma von U-559 gewesen sein. Tragischerweise konnte er nicht ahnen, daß weitaus wertvolleres Material bereits sicher im Kutter der PETARD verstaut lag und daß die Erbeutung einer Enigma von relativ geringer Bedeutung war, da Bletchley Park bereits das von der BULLDOG geborgene Gerät besaß. Der Coup der PETARD gegen U-559, der Dokumente und Übersetzungshilfen lieferte, beendete die zehn Monate andauernde, kostspielige Nachrichtenlücke; während dieser Zeit war man in England nicht in der Lage gewesen, den Funkverkehr der U-Boote zu entschlüsseln. Allerdings gab es keine Schlagzeilen, welche die Menschen daheim in dieser Phase andauernder Niederlagen und Rückschläge etwas hätten aufmuntern können, und H.M.S. PETARD verpaßte den Ruhm, den sich das Schiff erworben hatte.

Mit Hilfe der erbeuteten Unterlagen waren die Kryptoanalytiker in Bletchley Park nunmehr in der Lage, den Vier-Walzen-Schlüssel Triton zu knacken. Ab Sonntag, den 13. Dezember 1942, ungefähr sechs Wochen nachdem die PETARD das Schlüsselmaterial auf U-559 entdeckt hatte, konnte ein Großteil des U-Bootfunkverkehrs mitgelesen werden. Die Ultra-Erkenntnisse stellten sich als unschätzbar wertvoll heraus. Sie trugen während der kritischsten Phase des folgenschweren Kampfes mit den Wolfsrudeln der U-Boote zur Entscheidung in der Schlacht im Atlantik bei.

Letztenendes hing sogar der Sieg der Alliierten von diesem Erfolg ab.

FÜNFTES KAPITEL

Sieg in der Schlacht im Atlantik

Die von H.M.S. PETARD erbeuteten Unterlagen enthielten unter anderem das aktuelle Kurzsignalheft und den Wetterkurzschlüssel für 1942. Am 4. November erreichten die ersten der erbeuteten Dokumente Bletchley Park, wo die Codeknacker schon begierig auf das Material warteten. Diejenigen Chiffrierunterlagen, die am dringlichsten benötigt wurden, wie etwa der Wetterkurzschlüssel, trafen jedoch erst am 24. November in Bletchley Park ein. Für diesen Zeitverlust läßt sich keine hinreichende Erklärung finden.

Der Kurzschlüssel für 1941, der auf dem Wetterschiff MÜNCHEN im Mai 1941 erbeutet worden war (er kam in Bletchley drei Tage später an), ermöglichte den Codeknackern nach mehrmaligen verstärkten Anstrengungen, in die Drei-Walzen-Enigma der Marine, die den Schlüsselkreis für die »Heimischen Gewässer« bediente, einzubrechen. Von August 1941 an hatte dies enorme Auswirkungen auf die Schlacht im Atlantik. Die Verluste an Handelsschiffen gingen zurück, indem die Geleitzüge umdirigiert wurden, während eine steigende Zahl an U-Booten geortet und versenkt werden konnte. Dieser Vorteil ging jedoch mit der Einführung einer vierten Walze in die neue Enigma M4 verloren, die ausschließlich im Schlüsselkreis Triton für den Atlantikeinsatz der U-Boote Verwendung fand. Das Gerät wurde am 1. Februar 1942 eingeführt, und von diesem Tag an war Bletchley für zehn Monate »blind«, während die Verluste der Schiffahrt im Atlantik eine kritische Marke erreichten.

Für einige Zeit war man in Bletchley sehr besorgt darüber, daß der enorme Vorteil, den Funkverkehr über den operativen Einsatz der U-Boote mitlesen zu können, endgültig verlorengegangen zu sein schien. Im Dezember 1941 wurde diese Befürchtung bestätigt, als die Kryptoanalytiker herausfanden, daß der Übergang zu einer Enigma mit vier Walzen, die für den U-Booteinsatz im Atlantik und im Mittelmeer vorgesehen war, unmittelbar bevorstand. Der Übermittlungsfehler eines U-Bootfunkers hatte sie darauf aufmerksam gemacht. Dieser hatte einen ungewöhnlich langen Funkspruch nach dem Vier-Walzen-Schlüssel Triton chiffriert, in dessen Verfahren er wohl gerade ausgebildet worden war. Bevor er seinen Irrtum bemerkte, hatte er Teile des Spruches bereits gesendet. Daraufhin überschlüsselte er die Nachricht im gültigen Drei-Walzen-Code.

Mit Hilfe der beiden aufgefangenen Mitteilungen waren die Experten in Bletchley in der Lage, die Verdrahtung einer Vier-Walzen-Enigma nachzuvollziehen. Allerdings waren die Schwierigkeiten enorm, die um das Vielfache gestiegene Zahl möglicher Einstellungen herauszufinden, außerdem erhielten sie während des zehnmonatigen Blackouts überhaupt keine »Eselsbrücken« oder Übersetzungshilfen. Die sechsundzwanzigfache Arbeit war erforderlich, um eine auf der Vier-Walzen-Enigma geschriebene Übersetzungshilfe durch eine der vorhandenen Drei-Walzen-»bombes« laufen zu lassen. Auf jeden Fall standen dann nicht mehr genügend »bombes« zur Verfügung, um den Schlüssel des Heeres und der Luftwaffe zu dechiffrieren. Als jedoch Harry Keen, der für den Bau der Bomben bei der British Tabulating Machine Company zuständig war, um Rat gefragt wurde, wandte er bewährte elektronische Verfahren an, um die Geräte zu modifizieren. Damit waren sie in der Lage, die sechsundzwanzigfache Anzahl an Tests im Vergleich zur herkömmlichen Drei-Walzen-»bombe« durchzuführen, und benötigten dazu lediglich die doppelte Zeit. Aus Erfahrung wußte er, daß er die Schlagzahl noch erhöhen konnte.

Als die erste der Vier-Walzen-Bomben im Juli 1943 betriebsbereit war und der Einbruch in den Schlüssel mit den Unterlagen von U-559 gelang, hatte Bletchley Park mit Hilfe der Vorgängermodelle lediglich an drei Tagen in den Schlüsselkreis Triton eindringen können. Als die Codeknacker in Bletchley mit der Untersuchung der Unterlagen begannen, die von H.M.S. PETARD weitab der Bedrohung im Atlantik erbeutet worden waren, erreichte die große U-Boot-offensive gerade ihren Höhepunkt. Die U-Boote standen kurz davor, die Oberhand zu gewinnen. Auf Ausgabe Nummer Zwei des Wetterkurzschlüssels hatten die Kryptoanalytiker stets gehofft. Als sie dieses Dokument in Händen hielten, konnten sie ihm entnehmen, daß der Vier-Buchstaben-Spruchschlüssel für den normalen Funkverkehr der U-Boote dem Drei-Buchstaben-Schlüssel für Wettermeldungen mit Ausnahme eines zusätzlichen Buchstabens entsprach. Das bedeutete also, falls der Tagesschlüssel für eine Wettermeldung bekannt war, mußte ein Spruch im Vier-Walzen-System nur auf sechsundzwanzig Positionen durchprobiert werden, um den vollständigen Schlüssel zu erhalten.

Die Deutschen hatten die neue M4-Enigma Triton getauft, nach dem Sohn des Poseidon, des Meeresgottes in der griechischen Mythologie, der durch eine gewundene Seemuschel blies, um Sturm zu erzeugen. Bletchley Park gab ihr die Codebezeichnung Shark. Am Sonntag, den 13. Dezember 1942, wurde die erforderliche Schlüsseleinstellung zur ersten Dechiffrierung mit Shark codierter Funksprüche entdeckt, etwa sechs Wochen nach der Versenkung von U-559. Bevor dieser Erfolg sich einstellte, waren allerdings unablässiges Arbeiten und Tausende von Durchläufen der Bomben vonnöten gewesen. Noch am selben Tag zeichnete sich der Einbruch in den bis dahin undurchdringlichen Funkverkehr mit der Vier-Rotoren-Enigma zwischen den U-Booten auf See und ihrer Befehlsstelle ab. Nur eine Stunde nachdem die ersten Meldungen dechiffriert worden waren, wurde der aufgefangene Funkverkehr der U-Boote an das Submarine Tracking Room in der Admiralität weitergeleitet. Er enthüllte die Positionen von fünfzehn U-Booten

Geleitzüge aus den Vereinigten Staaten, die Nachschubgüter für die amerikanischen Truppen in Nordafrika transportierten, kamen nun immer häufiger ohne Verluste durch, indem sie die durch Ultra aufgedeckten Positionen der U-Bootrudel umfuhren. Schätzungen gehen davon aus, daß die Entschlüsselung von Triton-Meldungen allein zwischen Dezember 1942 und Januar 1943 etwa 500000 bis 750000 Tonnen Schiffsraum vor dem Verlust bewahrt hat. In den ersten

Tagen des Jahres 1943 vermochte Ultra ein Wolfsrudel von sechs U-Booten ausfindig zu machen, das zwischen den Azoren und Madeira auf der Lauer lag. Da ihm über einen aufkommenden Konvoi keine der üblichen nachrichtendienstlichen Erkenntnisse des B-Dienstes vorlagen, weil der Geleitzug nicht über den Funkverkehr im Convoi-Code organisiert und geführt wurde, besaß Dönitz keine Informationen, bis ein einzelnes U-Boot per Zufall auf den Konvoi stieß. Anweisungen an das U-Boot, Fühlunghaltersignale abzusetzen, und Befehle an andere Boote, in das betreffende Seegebiet zu verlegen, wurden in Bletchley Park entziffert.

Ein anderer Geleitzug, der sich aus neun vollbeladenen Tankern unter der Bezeichnung TM 1 zusammensetzte und durch den Zerstörer H.M.S. HAVELOCK und drei Korvetten eskortiert wurde, erhielt die Anweisung, auf Südkurs zu gehen, eine Fahrtroute, die ihn um etwa 100 Seemeilen an den im Hinterhalt lauernden U-Booten vorbeigeführt hätte. Der Kommandant des Zerstörers, Commander R.C. Boyle, wußte freilich nichts über die »goldene« nachrichtendienstliche Quelle, die für den Ausweichkurs verantwortlich war. Er behielt lieber den ursprünglichen Kurs bei, als daß er auf eine Schlechtwetterzone zuhalten wollte, die er im Süden vermutete, zumal die Korvetten unbedingt Brennstoff ergänzen mußten. Dieser verhängnisvollen Entscheidung folgte tragischerweise eine der gelegentlichen Betriebsstörungen, die Bletchley Park erdulden mußte. Die deutsche Seite hatte um Mitternacht die Schlüsseleinstellung für Triton gewechselt, damit war Bletchley für die nächsten 48 Stunden nicht mehr in der Lage, den Funkverkehr der U-Boote mitzulesen – während der folgenden drei Tage sollte es allerdings jede Menge Funkverkehr geben. Bevor Ultra wieder Informationen liefern konnte, waren sieben Tanker mit zusammen 55 000 Tonnen Schiffsraum, die 100 000 Tonnen dringend benötigten Kraftstoff befördert hatten, versenkt – dies bedeutete eine Verlustquote von 77 Prozent und zugleich die höchste Verlustrate aller Geleitzüge während des gesamten Krieges.

Auf ihrer gemeinsamen Konferenz in Casablanca im Januar 1943 führte Churchill Präsident Roosevelt nochmals deutlich vor Augen, daß der Krieg verloren sei, falls die U-Boote nicht bezwungen würden. Man müsse damit rechnen, daß Großbritannien ausgehungert werde, eine Invasion des europäischen Kontinents könne nicht begonnen werden, und die Russen müßten ohne die notwendigen Lieferungen an Kriegsmaterial ihrer westlichen Verbündeten auskommen. Der Abzug von Geleitschiffen zum Schutz der Invasionsflotte für Nordafrika sei der Grund eines überdurchschnittlichen Anstiegs der Handelsschiffsverluste im Atlantik gewesen. Churchill drängte Roosevelt, hier Abhilfe zu schaffen, indem dieser seine Zustimmung dazu erteilen sollte, daß der Sieg über die U-Boote absolute Priorität erhalten müsse.

Als Amerika in den Krieg eintrat, nachdem seine Schlachtflotte bei dem japanischen Angriff auf Pearl Harbor nahezu vernichtet worden war, hatte die amerikanische Marineführung sich gegen die – mit Churchill vereinbarte – Politik Präsident Roosevelts ausgesprochen, daß der Sieg in Europa Vorrang besitzen solle. Der größte Teil der Seestreitkräfte wurde gegen Japan zusammengezogen, während die Flotten Englands, Kanadas und der übrigen Alliierten die Hauptlast der Schlacht im Atlantik trugen. Die Amerikaner unterrichteten die britische Seite darüber, daß sie den japanischen Code, »Purple« genannt, geknackt hatten, und die Engländer teilten ihre Erkenntnisse aus Ultra mit der amerikanischen militärischen Führungsspitze. Ein Team des amerikanischen Geheimdienstes unter der Leitung des New Yorker Anwalts Telford Taylor wurde für kurze Zeit Bletchley Park zugeteilt, danach richteten sie eine eigene Arbeitsgruppe in New York ein, die sich mit einer weitaus größeren Anzahl an Bomben und viel mehr Personal der Entzifferung des Enigma-Codes widmete.

Unterdessen ging die Schlacht im Atlantik ohne Unterbrechung weiter. Der größte Vorteil für die U-Bootrudel bestand in einer riesigen »Luftlücke« im mittleren Atlantik, außerhalb der Reichweite von Überwachungsflugzeugen, die auf beiden Seiten des Ozeans stationiert waren. Für den Oberbefehlshaber der RAF, Air Chief Marshal Arthur Harris, hatte die Bomberoffensive gegen die industriellen Zentren Deutschlands absoluten Vorrang. Dieses Ziel verfolgte er hartnäckig, und nur unter massivem Druck gab er 24 Liberator für die Atlantik-Schlacht frei. Mit ihren vier Motoren besaßen sie eine größere Reichweite als die unzulänglichen Maschinen etwa vom Typ Avro Hanson, die bislang die Flugüberwachung durchführten. Das RAF-Coastal Command setzte darüber hinaus Sunderland-Flugboote ein.

Der von Harris dominierte Führungsstab der RAF war der Auffassung, daß die effektivste Angriffsmethode gegen U-Boote die Bombardierung ihrer Stützpunkte und ihrer Bauwerften sei. Tatsächlich fiel jedoch kein einziges Boot den heftigen Bombardements der verbunkerten U-Boot-Liegeplätze an der französischen Atlantikküste zum Opfer, die RAF erlitt dafür bei den sehr energisch durchgeführten Angriffen hohe Verluste (100 schwere Bomber allein in den ersten fünf Monaten des Jahres 1943). Sie belegte die U-Bootbunker mit 15000 Tonnen Bomben, aber die massiven Betonbauten waren nahezu unverwüstlich.

Die Tatsache, daß die U-Boote auf den Funkverkehr angewiesen waren, um ihre kombinierten Angriffe durchzuführen (dies galt vor allem für die Jagd mit Wolfsrudeln), bedeutete für Ultra eine reiche Ernte, falls der Tagesschlüssel geknackt werden konnte, was meistens auch gelang.

Wenn ein einzelnes U-Boot oder ein Langstreckenaufklärer vom Typ Focke-Wulf Condor einen Geleitzug ausfindig gemacht hatte, wurden seine Zusammensetzung, Kurs und Fahrt, die Anzahl der Schiffe und Typen der Geleitfahrzeuge an die Befehlsstelle der U-Boote in Lorient an der französischen Atlantikküste durchgegeben. Die dortige Operationszentrale sendete an alle in dem betreffenden Seegebiet stehenden U-Boote Anweisungen zum Sammeln. Falls es sich um einen größeren Konvoi handelte, waren manches Mal bis zu zwanzig Boote beteiligt. Wenn der Kontakt zu einem U-Boot hergestellt war, bestätigte es den Anruf und gab seine Position durch. Der Funkverkehr wurde in der Marineversion der Enigma (Funkschlüssel M) abgewickelt, und diese Mitteilungen besaßen eine höhere Schlüsselsicherheit als andere Meldungen.

Zu jenem Zeitpunkt erhielt Bletchley Park durch die Analyse des deutschen Funkverkehrs sichere Hinweise, daß der B-Dienst, der deutsche Widersacher

Bletchleys, den britischen Konvoi-Code mitlesen konnte. Bis Juli 1943 stand ein neuer Schlüssel allerdings nicht zur Verfügung, da die Verteilung der neuen Codebücher bis in die entlegensten Teile der Erde viel Zeit in Anspruch nahm.

Als die U-Bootgefahr in den ersten Monaten des Jahres 1943 einem weiteren Höhepunkt zusteuerte, wurde das Submarine Tracking Room, das seinen Sitz nunmehr in einem bombensicheren Betonbunker hinter der Admiralität hatte, mit einem ständigen Service dechiffrierter Meldungen des Schlüsselkreises Triton versorgt. U-Boote wurden geortet, die Anweisungen der U-Bootbefehlsstelle waren bekannt, Gegenmaßnahmen wurden eingeleitet und Geleitzüge umdirigiert. Im Vergleich zu den hohen Verlustraten der vorausgegangenen beiden Monate hatte sich die Zahl versenkter Handelsschiffe im Januar und Februar halbiert.

Aufgrund der schwachen Vorstellung, die der Schwere Kreuzer ADMIRAL HIPPER und das Westentaschen-Schlachtschiff LÜTZOW (die ehemalige DEUTSCHLAND) beim Angriff auf einen Rußland-Geleitzug an Silvester 1942 gezeigt hatten, der lediglich durch sechs Zerstörer gesichert war, entließ ein vor Wut rasender Hitler Großadmiral Raeder und ernannte Dönitz zum Oberbefehlshaber der Kriegsmarine. Er bleib weiterhin auch Befehlshaber der U-Boote (BdU), und sein Stab zog mit ihm nach Berlin um. Zur gleichen Zeit bemerkte er, daß die Übersetzungen des B-Dienstes aus dem britischen Konvoi-Code eine beunruhigende Genauigkeit aufwiesen, was alliierte Meldungen über die Standorte einzelner U-Boote und sonstige Mitteilungen an Geleitzüge und ihre Sicherungsfahrzeuge anbetraf. Er befahl eine Untersuchung zur Schlüsselsicherheit der Marine-Enigma. Die Untersuchungskommission unter Vorsitz von Admiral Kurt Fricke kam zu dem Ergebnis, daß das System Enigma zweifelsohne nicht zu knacken sei. Die Genauigkeit der alliierten nachrichtendienstlichen Erkenntnisse wurde der Beobachtung durch Fischereifahrzeuge bzw. Werftspionage zugeschrieben. In seinen nach dem Krieg (1958) veröffentlichten Memoiren schreibt Admiral Dönitz hierzu: »Immer wieder wurde überprüft, ob die U-Bootfunksprüche schlüsselsicher waren. Aber ebenso oft blieb der Chef des Marinenachrichtendienstes im Oberkommando bei der Ansicht, daß es für den Gegner unmöglich sei, sie zu entziffern. Wir haben auch heute, soweit mir bekannt ist, keine sichere Kenntnis davon, ob dem Gegner im Kriege ein Einbruch in unsere Schlüssel gelungen ist.«

Kurz nachdem der Stab des BdU nach Berlin verlegt worden war, erteilte Dönitz seinen U-Booten die Anweisung, die allergrößten Anstrengungen zu unternehmen, um die Lebensadern Großbritanniens zu durchtrennen. Die Zahl versenkter alliierter Handelsschiffe stieg von 29 (mit 203 000 Tonnen) im Januar auf 95 (mit 627 000 Tonnen) im März. Es war die mit Abstand schlimmste Phase der Schlacht im Atlantik.

Weil die über den Atlantik verstreuten U-Bootrudel zu zahlreich waren, wurde es zunehmend unmöglich, Empfehlungen für Ausweichkurse zu erteilen. Die Verlustrate war nahezu doppelt so hoch wie die Neubaurate, während die neunzehn versenkten U-Boote nur etwa die Hälfte der vierzig neu in Dienst gestellten Einheiten ausmachten. Das Tagesmittel der im Atlantik operierenden

U-Boote stieg von 92 im Januar auf 111 im April. Während des restlichen Jahres 1943 standen durchschnittlich 116 U-Boote pro Tag in See.

Wie bereits erwähnt, basierten diese gewaltigen Anstrengungen auf Berechnungen des Befehlshabers der U-Boote, daß eine Versenkungsziffer von monatlich 800 000 Tonnen Großbritannien angesichts einer katastrophalen Versorgungslage dazu zwingen mußte, um Frieden zu bitten. Diese Rate schien in greifbarer Nähe. Die deutsche Seite stand kurz vor dem Sieg im Atlantik, der Entscheidungsschlacht des Krieges.

Dönitz machte reichlich Gebrauch von nachrichtendienstlichen Erkenntnissen, die der B-Dienst lieferte. Diesem war es gelungen, in den britischen Marineschlüssel für die Konvoisteuerung einzudringen. Deutsche Kryptoanalytiker lasen die britischen Konvoicodes mit (obwohl sie den Marinefunkschlüssel nicht knacken konnten), lange bevor es Bletchley gelingen sollte, Teile des deutschen Funkverkehrs zu entziffern. In dieser entscheidenden Phase des Krieges im Atlantik konnten 80 Prozent des britischen Nachrichtenverkehrs entschlüsselt werden. Das bedeutete, daß der Befehlsstab der U-Boote in der Lage war, die Fahrtroute einer Vielzahl von Atlantikkonvois mitzuplotten.

Aufgrund dieser Informationen konnte Admiral Dönitz im März 1943 seine Boote zur größten Geleitzugschlacht des Krieges aufstellen. Er zog 39 U-Boote zusammen, um zwei Konvois abzufangen, die von Halifax (Nova Scotia) nach Liverpool bestimmt waren – ein langsamer Konvoi mit 52 Schiffen und ein schneller mit 25. Der schnelle Geleitzug stieß zuerst auf die U-Boote und verlor binnen acht Stunden ebensoviele Schiffe. Danach vereinigten sich die beiden Geleitzüge, so daß ihre Sicherungsfahrzeuge zusammengefaßt werden konnten. Es entwickelte sich eine fortlaufende Konvoischlacht, die drei Tage dauerte und bei der 21 Schiffe mit zusammen 140 000 Tonnen versenkt wurden; vier von ihnen fielen einem einzigen U-Boot, U-338, zum Opfer. Ein Boot wurde versenkt. Falls diese Erfolge sich fortgesetzt hätten, wäre Admiral Dönitz seinem Ziel, die Lebensadern Großbritanniens zu durchtrennen, mit Sicherheit nähergekommen.

Dönitz konnte während dieser kritischen Phase rund 400 Boote in den heftigsten Geleitzugschlachten des gesamten Krieges einsetzen. Ausgerechnet jetzt hatte Bletchley Park Probleme, die durch Dönitz' Anweisung zur Überprüfung der Schlüsselsicherheit der Enigma verursacht worden waren. Denn die U-Bootfunker hatten Befehl erhalten, größere Sorgfalt zur Vermeidung von Wiederholungen oder fehlerhaften Übermittlungen walten zu lassen, und die Menüs, die den Tagesschlüssel für Triton herausfinden sollten, waren immer schwerer zu erhalten. Im Januar 1943 konnten zehn Tage lang keine Schlüsseleinstellungen der Enigma herausgearbeitet werden, vom 10. bis 17. Februar wiederholte sich das Spiel. Trotz dieser Pechsträhne führte die Erbeutung des Kurzwetterschlüssels durch die PETARD dazu, daß Bletchley Park den Funkverkehr mit Shark zwischen dem 13. Dezember 1942 und dem 10. März 1943 an neunzig von neunundneunzig Tagen entziffern konnte. Dann trat ein neuer Enigma-Wetterschlüssel in Kraft, der viel komplizierter als die beiden vorangegangenen war, und Bletchley Park gingen daraufhin die Übersetzungshilfen aus dem Wetterschlüssel verloren. Der Chef des Marinenachrichtendienstes befürchtete, daß dieser Wechsel Bletchley Park für einen längeren Zeitraum »blind« machen konnte. Allerdings versetzte das Kurzsignalheft, das ebenfalls durch die Besatzung der PETARD auf U-559 entdeckt worden war, die Kryptoanalytiker in Baracke 8 wieder in die Lage, »Eselsbrücken« aus den Fühlunghaltermeldungen von U-Booten zu konstruieren, die den Kontakt zu Geleitzügen hergestellt hatten. Zwischen dem 10. März 1943 und Ende Juni konnten die Kryptoanalytiker an 87 von 112 Tagen den gesamten Funkverkehr in Shark mitlesen.

Da sie über die U-Bootlage durch Ultra-Erkenntnisse im Voraus bescheid wußten, gingen die alliierten Marinen im April in die Offensive. Der Geleitschutz wurde verstärkt, Kriegsschiffe mit verbesserten Radargeräten und Hochfrequenz-Funkpeilern ausgerüstet. Neue Geleitflugzeugträger beteiligten sich an der Jagd. Die Zahl der aus Geleitzügen heraus versenkten Handelsschiffe fiel um zwei Drittel, die Verluste der U-Boote stiegen. In diesem Monat wurden 245 000 Tonnen Schiffsraum versenkt, dafür gingen 15 U-Boote verloren.

Anfang Mai wurde ein westgehender Konvoi, der ohne Ladung aus England ausgelaufen war, südlich von Grönland durch stürmisches Wetter zerstreut. Er hatte das Pech, per Zufall auf ein U-Bootrudel zu stoßen. Neun Handelsschiffe gingen im Gegenzug für den Verlust eines U-Boots verloren. Im selben Monat überquerten zwei Geleitzüge ohne Verluste den Atlantik, während sechs U-Boote versenkt wurden. Die Verlustrate belief sich für diesen Monat auf lediglich 165 000 Tonnen Schiffsraum, dafür wurden insgesamt 40 von 118 weiterhin im Atlantik operierenden U-Booten versenkt.

Zu dieser Zeit, etwa sechs Monate nachdem die PETARD die Triton-Unterlagen erbeutet hatte, konnte der Funkverkehr der U-Boote fast kontinuierlich mitgelesen werden; hin und wieder entzog sich der Tagesschlüssel jedoch der Feststellung. Eine dieser Unterbrechungen in der Flut der Ultra-Erkenntnisse ereignete sich am 20. April, nachdem Ultra zuvor noch vor einem U-Bootrudel hatte warnen können, das auf der Lauer lag, um einen größeren Konvoi aus Halifax abzufangen. Glücklicherweise wurden die richtigen Übersetzungshilfen noch rechtzeitig gefunden, und nach einem quälend langen Tag der Stille war Ultra wieder munter. Der Geleitzug aus 57 Handelsschiffen, der von fünf Kriegsschiffen eskortiert wurde, erreichte England ohne Verluste, da er aufgrund von Ultra-Erkenntnissen um das U-Bootrudel herumgeführt werden konnte. Die 57 Schiffe löschten nach Monaten voller Sorge, derweil die Lagerbestände rasch abnahmen, dringend benötigte Versorgungsgüter. Sie hatten Nachschub für die bevorstehende Invasion in der Normandie und Rohstoffe für die britische Rüstungsindustrie transportiert: drei von ihnen hatten Getreide und Panzer geladen, zwei Stahl und Bauholz, neun hatten Explosivstoffe befördert, andere wiederum Kraftstoff, Schmieröl, Zucker, Phosphat und sonstige Güter.

Sogar für den hartnäckigen Befehlshaber einer Waffengattung, die jederzeit mit schweren Verlusten rechnen mußte, war der Preis zu hoch geworden, den er in U-Booten zu bezahlen hatte. In der letzten Maiwoche wies Dönitz seine Boote an, die Schiffahrtsrouten im Atlantik zu räumen und westlich der Azoren in Wartestellung zu gehen. In nicht einmal fünf Wochen hatte sich das Blatt in der Atlantikschlacht gewendet. Es war der größte Seesieg in der Geschichte der Royal Navy. Dönitz vertraute weiterhin der Schlüsselsicherheit im Funkverkehr mit der Enigma und schrieb die Niederlage der verbesserten alliierten Funkmeßortung zu. Während der folgenden drei Sommermonate wurden mehr U-Boote als alliierte Handelsschiffe versenkt – das Verhältnis betrug 74 zu 58.

Ralph Erskine, ein Experte für Funknachrichtendienst, betonte dem Verfasser gegenüber, daß es von großer Bedeutung war, die Enigma-Meldungen kontinuierlich mitlesen zu können. Die Arbeit mit den durch die PETARD erbeuteten Unterlagen sollte Bletchley Park letztlich auch den Weg ebnen, erneut in Shark einzubrechen, als die deutsche Seite im Juli 1943 eine zusätzliche Walze sowie eine weitere Anzeige für Querverbindungen einführte.

Trotz der Entscheidung der deutschen Seekriegsleitung, ihre versenkten Versorgungsschiffe nicht zu ersetzen, waren die U-Boote erneut zu längerandauernden operativen Einsätzen in der Lage, da sie von ihren »Milchkühen« in entlegenen Seegebieten versorgt wurden. Die Positionen der U-Tanker waren aufgrund von Ultra-Erkenntnissen bekannt. Die Admiralität sprach sich bis Mitte 1943 gegen Angriffe auf U-Tanker aus, da sie in ständiger Sorge war, daß die deutsche Seite vielleicht mißtrauisch werden könnte, Enigma sei geknackt worden, und deshalb einen neuen Code einführte. Wurden die »Milchkühe« zu einem späteren Zeitpunkt angegriffen, war ihre Ortung durch Luftaufklärung und verbesserte Radargeräte plausibel erklärbar. Die Amerikaner hatten schon seit längerem darauf bestanden, die U-Tanker zu vernichten. Sie konnten die Admiralität schließlich davon überzeugen, daß das Risiko für Ultra minimal sei. Zwischen Juni und August 1943 versenkten US-Trägerflugzeuge fünf »Milchkühe« und Reservetanker.

Ab August 1943 bis Kriegsende konnte der Funkverkehr mit der Marine-Enigma rasch und regelmäßig und im wesentlichen ohne Verzögerungen mitgelesen werden. Churchill erhielt am 21. September stehende Ovationen im Unterhaus, als er bekanntgab, daß während der vergangenen drei Monate nicht ein einziges Schiff im Nordatlantik versenkt worden sei. Die neue Lage war durch eine Kombination von Faktoren enstanden, die es ermöglichten, Ultra-Erkenntnisse – die für das wörtliche Mitlesen des Funkverkehrs zwischen den U-Bootkommandanten auf See und ihrer Befehlsstelle an Land sorgten – vollständig auszunutzen.

Die britischen »boffins« (ein Begriff aus Kriegszeiten für Wissenschaftler, die in Hinterzimmern arbeiteten) hatten eine neue Art Kurzwellenradar entwickelt, das von U-Booten nicht aufgefaßt werden konnte. Wenn die Boote aufgetaucht fuhren, wurden sie häufig überrascht und waren Bombenangriffen von Flugzeugen ausgesetzt, die unbemerkt angeflogen waren. Von Mai bis Juli 1943 wurden 26 U-Boote versenkt und 17 schwer beschädigt. Dönitz mußte eingestehen, daß diese Entwicklungen den Nordatlantik unhaltbar für seine U-Boote machten.

Ein weiterer Faktor bestand darin, daß die Portugiesen dem jahrelangen Drängen der britischen Seite nachgaben und ihre Zustimmung zur Einrichtung alliierter Luftwaffenstützpunkte auf den Azoren erteilten. Damit war die »Luftlücke« endlich geschlossen. Andere Faktoren waren die Hochfrequenz-Funkpeilung und der Bau schneller Geleitschiffe auf britischen Werften, den Fregatten der River-Klasse. Diese konnten ohne Brennstoffergänzung den Atlantik überqueren und waren schnell genug, um ein aufgetauchtes U-Boot zu überholen, wozu die älteren Einheiten nicht in der Lage waren. Desweiteren hatten die Alliierten Geleitträger (sogenannte »Woolworth«-Träger) entwickelt, indem ein Flugdeck auf einen Handelschiffsrumpf gesetzt wurde. Die »Luftlücke« im mittleren Atlantik wurde zusätzlich von landgestützten Flugzeugen mit größerer Reichweite geschlossen. Den Bedarf an Schiffsraum deckten amerikanische Werften rasch mit vorgefertigten, geschweißten, standardisierten Handelsschiffsbauten – den berühmten Liberty-Schiffen. Sie benötigten eine Bauzeit von 10 Tagen, und auf amerikanischen Werften liefen pro Woche drei vom Stapel. Im September schickte Dönitz 28 U-Boote auf Feindfahrt, die mit verbesserter Flak-Bewaffnung und Radar-Warngeräten ausgerüstet waren, um den seit Mai praktisch ausgesetzten Kampf um die atlantischen Versorgungslinien wieder aufzunehmen. Sie führten einen neuen Torpedo mit der Bezeichnung »Zaunkönig« mit, der auf die Schraubengeräusche von Geleitschiffen ansprach. Nach dem Abfeuern mußten die U-Boote allerdings sofort auf Tauchstation gehen, um zu verhindern, daß sie selbst von dem Torpedo gejagt wurden.

Über das Lagebild der Geleitzüge erhielten sie keine Informationen mehr, weil der neue britische Konvoicode in Kraft getreten war. Die U-Boote mußten deshalb in der Weite des Atlantik kreuzen und auf eine zufällige Begegnung mit alliierten Schiffen hoffen. Eine kanadische Liberator entdeckte am 19. September eines von ihnen auf dem Kurs zweier Geleitzüge und versenkte das Boot. Die beiden Konvois wurden daraufhin zu einem einzigen Geleitzug mit 66 Schiffen und 15 Sicherungsfahrzeugen zusammengefaßt. Die letzte Geleitzugschlacht begann am nächsten Tag, als H.M.S. LAGAN sank, nachdem ihr das Heck weggesprengt worden war. Während eines laufenden Kampfes wurden drei Kriegs- und drei Handelsschiffe versenkt, drei U-Boote gingen verloren – zwei wurden durch Flugzeuge, eines durch den Zerstörer KEPPEL vernichtet.

Das RAF-Coastal Command ging in dieser Phase des Krieges mit einem neuen Radar, das auf der Zentimeterwelle arbeitete, sowie verbesserten Suchscheinwerfern in die Offensive, dies forderte einen hohen Tribut von den in ihre Stützpunkte zurückkehrenden U-Booten. Die Flugzeuge wurden zumeist durch das auf Ultra-Erkenntnissen basierende Mitplotten der U-Bootkurse geleitet. Der vormalige Befehlshaber des RAF-Coastal Command, Sir John Slessor, schrieb 1974 in seinem Vorwort zu Wing Commander Fred Winterbothams Buch *The Ultra Secret*: »Ich habe guten Grund anzunehmen, daß Ultra, in Verbindung mit HF/DF (Hochfrequenz-Funkpeilung), während der Schlacht im Atlantik tatsächlich die Entscheidung herbeigeführt hat.«

Im weiteren Verlauf des Krieges fuhren die U-Boote – unter Wasser – von ihren französischen Stützpunkten in spanische Gewässer, wo sie auftauchen und ihre Batterien nachladen konnten. Im Oktober 1943 unterrichtete die Admiralität die Amerikaner über Ultra-Erkenntnisse, wonach eine Versorgung durch U-Tanker im Seegebiet nördlich der Azoren erfolgen sollte. Amerikanische Trägerflugzeuge entdeckten tatsächlich vier aufgetauchte U-Boote und versenkten die »Milchkuh« U-460. Im November war nurmehr ein einziger U-Tanker von zehn Einheiten, die sich im März noch in Dienst befunden hatten, übriggeblieben. Dies hatte eine drastische Abnahme der Zahl einsatzbereiter U-Boote im Atlantik zur Folge.

Als die Boote in ihre Stützpunkte zurückkehrten, wurden sie mit neuen Waffen, darunter akustische Torpedos, und einem neuen Apparat, Schnorchel genannt, ausgerüstet. Dabei handelte es sich um eine Röhre mit Ventil, die die U-Boote dazu befähigte, unter Wasser mit ihren Dieseln zu fahren, was ihre Geschwindigkeit und Reichweite erhöhte.

Unterdessen blieben die deutschen Großkampfschiffe der britischen Marineführung ein Dorn im Auge. Im März 1943 hatte Churchill den Russen mitgeteilt, daß die Geleitzüge im Nordmeer, die wichtige Nachschubgüter für die sowjetische Kriegsführung beförderten, Verluste in unannehmbarer Höhe hätten und deshalb eingestellt werden müßten. Im Herbst wurden sie jedoch wieder aufgenommen, und drei Konvois erreichten Murmansk ohne Zwischenfall. Als der dritte Geleitzug, ohne Ladung, zurückfuhr, wurde er von einem deutschen Aufklärungsflugzeug erfaßt. Hitler hatte damit gedroht, die Großkampfschiffe verschrotten zu lassen, und deshalb traf Dönitz die riskante Entscheidung, das Schlachtschiff SCHARNHORST auf den nächsten Geleitzug anzusetzen. Er nannte das Unternehmen »Ostfront«, da man davon ausgehen konnte, daß der Konvoi 400 Flugzeuge und 400 Panzer beförderte, deren Vernichtung für die nach dem russischen Sieg in der Schlacht von Kursk zurückweichenden deutschen Truppen eine große Entlastung bedeutet hätte.

Die SCHARNHORST war die einzige zur Verfügung stehende große Kampfeinheit, da sich das neueste und schlagkräftigste deutsche Schiff, die TIRPITZ, nach einer Attacke mit Kleinst-U-Booten und schweren Bombenangriffen durch die RAF in Reparatur befand. Aufgrund von Ultra-Erkenntnissen war der Befehlshaber der Home-Fleet, Admiral Sir Bruce Fraser, darüber im Bilde, daß die SCHARNHORST in Begleitung von fünf Zerstörern am Nachmittag des ersten Weihnachtsfeiertages ausgelaufen war und Kurs auf den wichtigen Geleitzug genommen hatte. Auf seinem Flaggschiff, dem Schlachtschiff DUKE OF YORK, fuhr Admiral Fraser der starken Geleitsicherung aus Kreuzern und Zerstörern entgegen, um sich mit ihr zu vereinigen. Die Begleitzerstörer des deutschen Schlachtschiffes waren gerade zur Suche nach dem Konvoi detachiert worden, als die SCHARNHORST ohne ihren Geleitschutz auf die britischen Kreuzer BELFAST, SHEFFIELD und NORFOLK stieß. Während des anschließenden Gefechts wurden die NORFOLK und die SHEFFIELD beschädigt, die SCHARNHORST aber wieß keine sichtbaren Trefferschäden auf, obwohl alle drei Kreuzer behaupteten, Treffer erzielt zu haben. Sie hielt Kurs Süd mit 30 Knoten Geschwindigkeit, um dann auf die DUKE OF YORK zu treffen, die von dem Kreuzer JAMAICA begleitet wurde.

Die SCHARNHORST war überrascht worden und drehte nach Norden ab, als die Granaten einer gutsitzenden Breitseite, jede von ihnen etwa eine Dreiviertel

Tonne schwer, einschlugen und ihre Geschwindigkeit sichtlich verringerten. Zwei 28-cm-Geschosse der SCHARNHORST durchschlugen die Hohlmasten der DUKE OF YORK ohne zu detonieren. In einem 90 Minuten andauernden Duell wurde der Stolz der deutschen Kriegsmarine in Stücke geschlagen, nachdem Torpedos, die von Zerstörern abgefeuert worden waren, ihre Geschwindigkeit auf fünf Knoten herabgesetzt hatten. Insgesamt waren 55 Torpedos auf die SCHARNHORST geschossen worden, bevor sie schließlich sank. Nur 36 ihrer zweitausend Mann starken Besatzung wurden aus der eiskalten See gefischt. Dieser bedeutende britische Seesieg ist unter der Bezeichnung »Gefecht vor dem Nordkap« berühmt geworden.

Ultra-Erkenntnisse deuteten darauf hin, daß der Netzkasten, der die TIRPITZ vor Torpedotreffern schützte – ihre letzten Reparaturarbeiten waren gerade beendet – ab dem ersten April geöffnet sein würde. Sie sollte zu Seerprobungen vor dem Altafjord in Norwegen auslaufen. Ein Angriff von 44 Bombern, die von den Flugzeugträgern VICTORIOUS und FURIOUS gestartet waren, verursachte nur geringe Beschädigungen am Rumpf, jedoch fiel sie für weitere drei Monate aus. Das bedeutete, daß kein einziges deutsches Großkampfschiff zur Verfügung stand, um im Juni die alliierte Invasionsarmada anzugreifen. Die TIRPITZ erhielt schließlich den Rest, als sie die RAF im November mit fast 6,5 Meter langen Bomben, »Tallboys« genannt, an ihrem Liegeplatz vor der Insel Haakoy angriff.

Zu dieser Zeit forderten die Seeaufklärer schwere Opfer unter den U-Booten. Sechs Wochen bevor Dönitz den erneuten Rückzug aus dem Atlantik befahl, hatten sie bereits 23 versenkt. Von Mitte Dezember bis Mitte Januar überquerten zehn Geleitzüge den Nordatlantik, ohne daß irgendwelche Anzeichen einer drohenden U-Bootgefahr zu entdecken waren.

Ende Januar unternahm Dönitz einen weiteren Versuch mit 26 U-Booten in den Gewässern westlich Irlands, die vor alliierten Geleitzügen nur so wimmelten. Sie konnten nur ein einziges Handelsschiff sowie die Sloop H.M.S. WOODPECKER versenken; drei Maschinen des Coastal Command wurden abgeschossen. Elf U-Boote gingen verloren, sechs von ihnen fielen Wasserbomben von Johnnie Walkers Sicherungsverband, der aus fünf Sloops bestand, zum Opfer. Dönitz schickte diejenigen U-Boote, die diese Schlacht heil überstanden hatten, Ende Februar mit einem Wolfsrudel, das aus sechzehn Booten bestand, erneut in das Seegebiet westlich Islands. Bis zum 22. März, als er die übriggebliebenen zurückrief, konnten sie eine Sloop und eine Korvette versenken, sieben U-Boote gingen verloren.

In den ersten drei Monaten des Jahres 1944 versenkten die U-Boote lediglich drei von 3360 Handelsschiffen, die in riesigen Geleitzügen über den Atlantik eskortiert wurden, während 36 Boote verlorengingen. Bis Ende 1944, dem letzten vollen Kriegsjahr, waren 241 U-Boote nicht mehr in ihre Stützpunkte zurückgekehrt. Im ersten Halbjahr 1944 waren die meisten Boote in den Küstengewässern um die britischen Inseln herum konzentriert worden, um die Stationierung von Truppen in Großbritannien für die erwartete Invasion auf dem Kontinent zu unterbinden. Sie versenkten zwei britische Fregatten sowie ein amerikanisches Landungsschiff – in getauchtem Zustand. Eines torpedierte vier amerikanische Versorgungsschiffe vor Selsey Bill nahe Portsmouth. Sämtliche Boote konnten entkommen.

Ultra trug entscheidend mit dazu bei, daß ernsthafte Angriffe der deutschen Kriegsmarine gegen die riesige alliierte Armada unterblieben, die die Invasionstruppen für die Landungen am D-Day, dem 6. Juni, und in der Zeit danach über den Kanal beförderten. Da die Gefahr durch schwere Schiffseinheiten und die Luftwaffe gebannt war, sahen die alliierten Befehlshaber in der großen Zahl an U-Booten, die in den Häfen am Golf von Biscaya lagen, die schlimmste Bedrohung an. Wegen des Zusammenbruchs der Nachrichtenverbindungen an Land als Ergebnis alliierter Bombardements mußte Dönitz auf den Funkverkehr zurückgreifen, um mit seinen U-Booten in Verbindung zu treten, und Bletchley Park konnte deshalb die meisten seiner Befehle mitlesen. Mitte Mai 1944 entzifferte Bletchley eine Mitteilung des Befehlshabers der U-Boote an das Marinegruppenkommando West, die enthüllte, daß vierzig Boote am Tag der Landung bzw. am Tag darauf gegen die Invasionsflotte eingesetzt würden. Sie enthielt zugleich Informationen über weitere Seegebiete, in denen U-Boote ständig patrouillieren sollten – vor den Scilly-Inseln, in Richtung des nördlichen Cornwall und in einer zusätzlichen Auffangstellung im Golf von Biscaya. Um sicherzustellen, daß der kontinuierliche Zustrom an Ultra-Erkenntnissen aus Bletchley Park optimal genutzt werden konnte, verlegte der Direktor des Submarine Tracking Room sein U-Bootlagezentrum nach Plymouth.

Am Tag der Invasion wurden die U-Boote durch gezielte alliierte Desinformation überrascht. Die deutsche Seekriegsleitung setzte sie in den frühen Morgenstunden davon in Kenntnis, daß die Landung in der Seine-Bucht stattfinde. Am Abend des 6. Juni verließen insgesamt 35 U-Boote ihre Stützpunkte – sechs von ihnen waren mit Schnorcheln ausgerüstet – und nahmen Kurs auf den Ärmelkanal, neun operierten vor den Küsten von Devon und Cornwall, der Rest formierte sich zu einer Auffanglinie vor der französischen Küste, wo sie von acht weiteren Booten unterstützt wurden, die von ihrem Einsatzgebiet im Atlantik abgezogen worden waren. Angesichts der mächtigen alliierten U-Bootabwehr konnten sie jedoch nur geringe Erfolge erzielen. In drei Monaten wurden 18 Schiffe mit Nachschubgütern für die Invasionstruppen versenkt, dafür gingen 35 U-Boote verloren. Im August zog Dönitz den Rest zurück. Nach der Landung in der Normandie wurde in den Biscaya-Häfen die Ausrüstung der U-Boote mit Schnorcheln fortgesetzt. Als sich die alliierten Truppen näherten, mußten die Boote jedoch einen Stützpunkt nach dem anderen räumen. Sie wurden nach Norwegen verlegt, von wo sie ihre Angriffe auf die britischen Küstengewässer konzentrierten. Die Entwicklung des Schnorchels ermöglichte ihnen, unentdeckt zu operieren und verlieh ihnen die Fähigkeit, schnell abzulaufen, falls sie geortet wurden. Im September versenkte U-482 vor Nordirland eine Korvette und vier Handelsschiffe, die sich auf dem Weg nach Liverpool befunden hatten. Das Boot hatte 2500 Meilen der 2730 Seemeilen langen Fahrtstrecke getaucht zurückgelegt. In diesem Monat konnten lediglich zwei U-Boote versenkt werden, hauptsächlich deshalb, weil nur wenige Boote einsatzfähig waren.

Im Oktober konnte Ultra vermelden, daß in südnorwegischen Häfen sechs U-Boote für Feindfahrten von elf Wochen Dauer ausgerüstet würden. Dies ließ darauf schließen, daß sie um die britischen Inseln herumfahren und in den Kanal vorstoßen sollten. Dönitz ermahnte seine Besatzungen: »Die Wiederaufnahme des U-Bootkrieges muß und wird das Hauptziel Deutschlands sein … es wird sich herausstellen, daß letztenendes die Entscheidung in diesem Krieg von der neuen Offensive abhängen wird, die nunmehr angelaufen ist und deren Aussichten sehr günstig sind. Vor Ablauf dieses Jahres müssen entscheidende Erfolge erzielt werden.«

Die U-Bootabwehrkräfte, die vom Ärmelkanal in das Seegebiet nordöstlich Schottlands verlegt worden waren, wurden erneut in den Kanal zurückgerufen, um dieser Bedrohung zu begegnen. Um Weihnachten herum flackerten die U-Bootakivitäten in der Nähe der Halbinsel Cotentin noch einmal auf, als in sechs Tagen sechs Schiffe versenkt wurden, hauptsächlich durch ein einziges Boot. Die letzte deutsche Gegenoffensive in den Ardennen, die durch schlechtes Wetter begünstigt wurde, weil die überlegenen alliierten Luftstreitkräfte am Boden bleiben mußten, war auf der Basis von Wettermeldungen vorbereitet worden, die von U-Booten im Nordatlantik stammten.

Die U-Bootoffensive im Kanal war ein völliger Fehlschlag. Aus dem enormen Schiffsaufkommen, das für die Invasion bereitgestellt wurde, konnten sie nur 33 Handels- und neun Kriegsschiffe versenken, während in demselben Seegebiet 46 U-Boote vernichtet wurden. In den letzten vier Monaten des Krieges überquerten 12 000 alliierte Handelsschiffe sicher den Nordatlantik.

Anfang 1945 war die Marineführung wegen der U-Bootgefahr erneut zutiefst beunruhigt. Ihre Sorge gründete zum einen darauf, daß die U-Boote durch den Schnorchel die Möglichkeit erlangt hatten, sich einer Verfolgung zu entziehen, und basierte zum andern auf nachrichtendienstlichen Erkenntnissen über den neuen Typ eines Elektro-U-Boots, das in acht vorgefertigten Sektionen an verschiedenen Orten gebaut wurde bzw. bereits in der Nordsee mit den Seerprobungen begonnen hatte. Die Nachricht über diese Bedrohung stammte von den Amerikanern, die Mitteilungen über technische Entwicklungen, welche der japanische Marineattaché in Berlin nach Tokio gemeldet hatte, abfangen konnten.

Nun war die RAF an der Reihe, um ein von »Bomber-Harris« gegebenes Versprechen einzulösen. In jener Phase des Krieges wurde das Bomber Command zur wichtigsten Waffe im Kampf gegen die U-Boote. Es flog schwere Luftangriffe zum einen auf Produktionsstätten und Werften, die die U-Bootsektionen herstellten, zum andern auf jene Hafenstädte, wo die Sektionen zusammengefügt wurden, und schließlich auf die Verkehrswege, auf denen die U-Bootsektionen befördert wurden, vornehmlich den Dortmund-Ems-Kanal, der die Ruhr mit der Nordsee verbindet.

Die Zahlen der U-Bootfertigung sanken zum ersten Mal vor allem auch deshalb, weil die alliierten Truppen die Werften in Deutschland überrannten. Bis dahin war die Produktion von U-Booten ständig gestiegen, und 120 Einheiten der superschnellen Elektro-U-Boote konnten noch fertiggestellt werden.

Am 25. Februar 1945 versenkte U-2322, ein kleineres Elektro-Boot für die Verwendung im Küstenbereich, den kleinen britischen Frachter EGHOLM (1317 Tonnen) vor der schottischen Küste. Englische Kriegsschiffe nahmen unverzüglich die Jagd auf, aber das Boot konnte unbeschädigt entkommen. Die Verfolger waren angesichts seiner Unterwassergeschwindigkeit erstaunt, die einen Angriff mit Wasserbomben zwecklos machte.

Bei einer Zusammenkunft mit Hitler erklärte Dönitz, daß er erwarte, eine genügende Anzahl dieser neuen Einheiten zusammenzufassen, um den Nachschub der alliierten Truppen zu unterbinden und danach den Kampf um die Konvoirouten wieder aufzunehmen. Er führte weiter aus: »Mit dem vollkommenen Unterwasserfahrzeug ist eine Wende im Seekrieg herbeigeführt. Die scharfe Waffe des reinen U-Boots ist vorhanden.« Hätte der Krieg in Europa noch zwei Jahre angedauert – was durchaus möglich schien, bevor Bletchley Park das durch H.M.S. PETARD erbeutete Material auswerten konnte, um Ultra mit den nötigen Erkenntnissen zu versorgen, die in der kritischsten Phase des U-Bootkrieges im Jahr 1943 zum Sieg führten – hätte Dönitz eine weitere Chance erhalten – mit schrecklichen Konsequenzen für Großbritannien. Er wäre auch in der Lage gewesen, den Krieg nach Amerika zu tragen.

Diese Pläne kamen jedoch zu spät, weil die Intensität der RAF-Bombardements zunahm. Allerdings wagte Dönitz im Atlantik noch einen allerletzten Anlauf. Im April 1945 nahmen sechs mit Schnorcheln ausgerüstete U-Boote Kurs auf die USA. Die Amerikaner, durch Ultra vorgewarnt und in Sorge, daß die U-Boote mit den bereits gegen England eingesetzten V 2-Raketen ausgestattet sein könnten, schickten ihnen 20 Zerstörer entgegen. Drei der Boote wurden sogleich versenkt, ein weiteres wurde vernichtet, nachdem es kurz zuvor den Zerstörer FREDERICK C. DAVIS torpediert hatte. Die beiden restlichen Boote blieben unentdeckt, sie ergaben sich jedoch nach der deutschen Kapitulation.

Das erste der großen Elektro-U-Boote vom Typ XXI verließ Bergen am 30. April mit Fahrtziel Karibik. Ein zweites lief am 3. Mai aus Wilhelmshaven aus, als britische Truppen schon fast die Kriegsmarinewerft erreicht hatten. Beide gehörten zu den 49 U-Booten, die in See standen, als Dönitz (nach dem Selbstmord Hitlers zum Staatsoberhaupt ernannt) ihnen befahl, aufzutauchen und den nächsten alliierten Hafen anzulaufen. Bis dahin waren sie eine ständige Bedrohung gewesen, die riesige alliierte Ressourcen band.

Während der letzten fünf Kriegsmonate waren 153 U-Boote versenkt worden, das letzte – U-320 – am 7. Mai, nachdem es von einer Catalina des RAF-Coastal Command zwischen den Shetland-Inseln und Norwegen mit Wasserbomben belegt worden war. Am selben Tag wurden zwei Handelsschiffe und ein norwegischer Minensucher von U-Booten torpediert und versenkt – die Boote hatten den Befehl zur Übergabe nicht erhalten, weil sie mehrere Tage getaucht gefahren waren.

Die U-Bootbesatzungen erlitten hohe Verluste. Von nahezu 40 900 Mann, die während des Krieges ihren Dienst auf U-Booten ableisteten, fielen 25 800 und 5000 wurden gefangengenommen – eine Verlustrate von 76 Prozent. Deutsche Werften bauten 1162 U-Boote; 842 kamen zum Fronteinsatz und 784 (93 Prozent) gingen verloren, davon 696 durch Feindeinwirkung; 220 wurden von ihren Besatzungen selbstversenkt, um nicht dem Gegner in die Hände zu fallen, 156 kapitulierten, 2 flohen nach Argentinien und der Rest lag bei Kriegsende in seinen Stützpunkten in Norwegen und Deutschland.

Das Boot mit dem höchsten Versenkungserfolg des Krieges war U-48. Zwischen September 1939 und Juni 1941 vernichtete es 51 Schiffe mit zusammen 310 407 Tonnen. Mehr als 200 000 Wasserbomben wurden geworfen, einer von 16 Angriffen war erfolgreich. Britische Kriegsschiffe versenkten 158 U-Boote mit Wasserbomben (siehe ferner Anhang 2 – Verluste an Zerstörern).

Bis zum Ende der Schlacht im Atlantik waren 2452 alliierte Schiffe (zusammen 2,8 Millionen Tonnen Schiffsraum) im Nordatlantik versenkt worden. Die Handelsschiffsverluste der Welt betrugen 5150 Schiffe (21 570 720 Tonnen). Die britische Handelsmarine verlor 30 248 Seeleute, die Royal Navy 73 642 Marineangehörige hauptsächlich im Atlantik, wo die U-Boote 175 Kriegsschiffe, meist britische, versenkten. Das RAF-Coastal Command verlor 5866 Mann und 1777 Flugzeuge. Die Personalverluste der Royal Canadian Navy betrugen 1965 Mann.

Aufgrund dieser Verluste und da der Außenhandel praktisch zusammengebrochen war, zumal in den Jahren des Bombenkrieges Wohnungen und Industrieanlagen zerstört wurden, sah sich das siegreiche Großbritannien in den Nachkriegsjahren in der Rolle der größten Schuldnernation der Erde. Admiral Dönitz, weiterhin völlig ahnungslos darüber, daß der Funkverkehr mit Enigma geknackt worden war, schrieb: »Das Radar, besonders aber die Radarortung vom Flugzeug aus, hatte die Überwasserkampfkraft des U-Bootes fast völlig ausgeschaltet. Der Geleitzugkampf in der Rudeltaktik im Nordatlantik, als dem am stärksten luftüberwachten Hauptoperationsgebiet, war in Zukunft nicht länger möglich. Er konnte erst wieder beginnen, wenn es gelang, die Kampfkraft des U-Bootes wesentlich zu verbessern. Ich zog die Konsequenzen und ließ den Nordatlantik räumen. Am 24. Mai befahl ich den U-Booten, unter Anwendung aller Vorsichtsmaßnahen in den Seeraum südwestlich der Azoren abzumarschieren. Wir waren in der Atlantikschlacht unterlegen.«

Am Tag des Sieges lag die PETARD im Trockendock in Wallsend on Tyne. Sie befand sich kurz vor ihrer zweiten Indienststellung mit einer neuen Besatzung aus jungen Freiwilligen, die noch zur Schule gingen, als der Krieg begann. Die PETARD war leckgesprungen, als sie ein U-Boot mit Wasserbomben verfolgte, das mit Asdic nördlich von Schottland aufgefaßt worden war. Sie fuhr ihre üblichen Angriffsmuster, der Schnorchel ermöglichte dem U-Boot jedoch ein rasches Entkommen.

Nach dem Werftaufenthalt verließ sie Gourock und den Clyde, um am Krieg gegen Japan teilzunehmen. Von Deck aus konnte der Verfasser mehrere U-Boote im Päckchen liegend sehen, die die Befehle zur Übergabe befolgt hatten. Die Besatzungen mehrerer dieser Boote beobachteten uns mit Neugierde. Aber weder sie noch die junge Mannschaft an Bord der PETARD ahnten, welchen Beitrag das Schiff zur Niederlage der U-Bootwaffe geleistet hatte. Dies blieb, vielleicht, noch für Jahrzehnte das größte Geheimnis des Krieges.

H.M.S. PETARD während der ersten Indiensthaltung.

Die Besatzung der PETARD in Port Said, Oktober 1942. Der 16jährige NAAFI-Kantinenassistent Tommy Brown hält den Schriftzug mit dem Schiffsnamen; er wurde mit der George Medal ausgezeichnet.

Detonationen von Wasserbomben während der langen Jagd auf U-559.

Wieder geht eine Wasserbombe hoch. Die beiden auf dieser Seite abgebildeten Fotos wurden von der Brücke der PETARD aus aufgenommen.

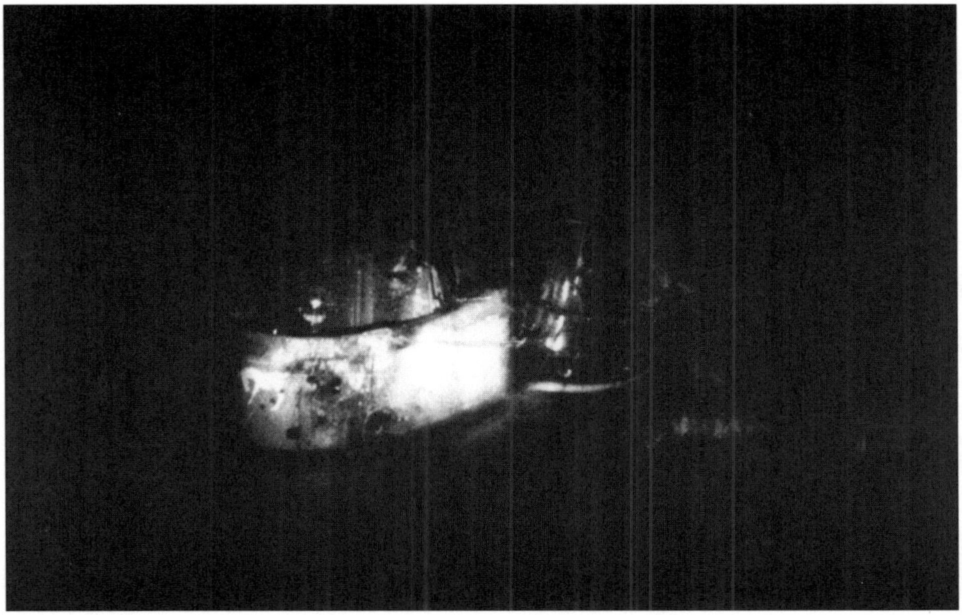

U-559 wird nach Einbruch der Dunkelheit zum Auftauchen gezwungen.

Die auf der UARSCIEK erbeutete italienische Kriegsflagge wird einer jubelnden Menge gezeigt, als die PETARD in den Grand Harbour auf Malta einläuft.

Lieutenant Antony Fasson, George Cross.

AB Colin Grazier, George Cross.

General Eisenhower an Bord der PETARD während der Landungen auf Sizilien.

Während einer Rundfunksendung der BBC für Familienangehörige stellt Lieutenant Commander Egan die Besatzung vor.

Der japanische U-Kreuzer I-27 bei dem verzweifelten Versuch, den beschädigten britischen Zerstörer PALADIN zu rammen.

Der siebte Torpedo der PETARD trifft: I-27 wird versenkt. (Vorstehende Aufnahmen mit freundlicher Genehmigung durch Lieutenant Commander Robert de Pass.)

H.M.S. PETARD läuft hohe Fahrt während ihrer zweiten Indiensthaltung.

Operation »Zipper«: Ein Transporter für Panzerfahrzeuge steckt am Strand von Moribe fest. (Mit freundlicher Genehmigung von Stanley Skinner.)

Der japanische Zerstörer KAMIKAZE hat das White Ensign der Royal Navy über der japanischen Kriegsflagge mit der aufgehenden Sonne gesetzt, als er am 2. September 1945 Karten an die PETARD übergibt, auf denen Minenfelder verzeichnet sind. (Stephen Harper)

Eine Landungsabteilung der PETARD hat sich klargemacht, um Leuchttürme auf Sumatra zu sichern; zweite Indiensthaltungsperiode. (Stephen Harper)

Zweiter Teil

H.M.S. Petard kämpft weiter

SECHSTES KAPITEL

Sieg und Niederlage im Mittelmeer

Während die Erkenntnisse aus Ultra über den Funkverkehr der U-Boote wieder aufgefrischt werden konnten und das Blatt in der Atlantikschlacht wendeten, befand sich H.M.S. PETARD im Dauereinsatz im östlichen Mittelmeer, wo Armee und RAF verzweifelt kämpften. Die Besatzung des Schiffes, die sich über ihren nachhaltig wirkenden Beitrag zum Sieg in der Schlacht im Atlantik kaum bewußt war, kehrte von einem Erholungsurlaub im Heiligen Land an Bord zurück, wo ihr neuer Erster Offizier schon auf sie wartete. Es handelte sich um den Sohn eines mit dem Victoria Cross ausgezeichneten Offiziers aus dem Ersten Weltkrieg und späteren Admirals, Lieutenant David Dunbar-Nasmith RN, der bereits eine ehrenvolle Erwähnung erhalten hatte.

Fünf Tage später befand sich die PETARD bereits wieder im Einsatz. Sie eskortierte Versorgungsschiffe in den soeben wiedereroberten ägyptischen Hafen Marsa Matruh. Ihre Geschützbedienungen waren durch das Radargerät vor der Annäherung feindlicher Bomberverbände gewarnt worden und eröffneten das Feuer, als diese in Reichweite kamen. Fünfzig Bomben fielen rund um die vier Schiffe ins Wasser. Vier Tage später stieß die PETARD zu einem Verband aus vier Kreuzern und 22 Zerstörern, die vier mit Flugbenzin, Munition und sonstigen Versorgungsgütern beladene Handelsschiffe in das belagerte Malta begleiteten. Der Konvoi wurde wiederholt angegriffen, aber die italienischen und deutschen Flugzeuge wurden durch heftiges Flakfeuer von dem Geleitzug ferngehalten, Naheinschläge verursachten jedoch Splitterschäden. Während der Abenddämmerung griffen sechs Ju-88 Torpedobomber im Tiefflug fast auf Wellenhöhe an, erzielten aber keine Treffer. Am folgenden Tag, kurz nach Einbruch der Dunkelheit, wurde der Konvoi in den Schein von Leuchtkugeln getaucht. 26 Ju-88 Torpedobomber griffen von allen Seiten an. Ein Torpedo traf den Bug des Kreuzers ARETHUSA, tötete 157 Mann, verwundete eine große Zahl weiterer Besatzungsmitglieder und verursachte schwere Schäden am Schiff. Die PETARD schleppte den Kreuzer zurück nach Alexandria und konnte unterwegs weitere Angriffe von Ju-88 Bombern abwehren. Unterdessen erreichte der Konvoi Malta ohne Verluste; es war der erste Geleitzug, der die belagerte Insel nach zwei Jahren erreichen sollte.

Vierzehn Tage später, am 30. November, schloß sich die PETARD einem Sicherungsverband für einen weiteren Malta-Konvoi an, der aus vier Kreuzern und 20 Zerstörern bestand; er stellte das Geleit für einen mit Benzin beladenen Tanker sowie drei weitere Handelsschiffe. In der Abenddämmerung des nächsten Tages zwang schweres Abwehrfeuer der vierundzwanzig Kriegsschiffe mehrere Ju-88 zum vorzeitigen Abwurf ihrer Torpedos, so daß sämtliche Schiffe Zeit zum Ausweichen hatten und keines getroffen wurde. Weitere Angriffe mit Bomben und Torpedos folgten, keiner jedoch wurde energisch genug durchgeführt, und der Konvoi erreichte Malta ohne Verluste. Inmitten der Kampfhandlungen fischte die PETARD die Besatzung eines Wellington-Bombers auf, der am Tag zuvor abgeschossen worden war. Sie befand sich in der Nachhut des Konvois, und die vor ihr fahrenden Schiffe hatten das Dhingi nicht bemerkt. Die hervorragenden Ausguckposten der PETARD hatten den Schein einer kleinen Taschenlampe ausmachen können, diese war das einzige Signalmittel, das den Männern im Dhingi noch verblieben war, nachdem sie all ihre Leuchtraketen abgefeuert hatten, ohne entdeckt zu werden. Tausende von Maltesern, die sowohl unter Nahrungsmittelknappheit als auch unter schweren Bombardements litten, säumten Grand Harbor, um die Schiffe mit stürmischem Beifall zu begrüßen.

Kurz darauf geleitete die PETARD neun Handelsschiffe zurück nach Port Said, und obwohl der Verband täglich von Bombern angegriffen wurde, ging kein Schiff verloren. Die Geschützbedienungen der PETARD schossen eine Ju-88 ab; es war der erste Abschuß eines Flugzeugs, der dem Schiff gelingen sollte. Reg Crang schrieb in sein Tagebuch:

> »Riesiger Jubel ertönte, als die Ju-88 nach dem Abwurf ihres Torpedos vom Kurs abkam und zu nahe heranflog, sie kriegte den Bauch voll Kugeln. Als sie in eine Kurve ging, wurde sie von unseren Pom-Poms und Oerlikons mit Feuer aus weniger als 150 Metern überschüttet. Der Bomber stürzte nahebei ins Meer und überschlug sich, als er auf der Wasseroberfläche auftraf. Allerdings schien es am nächsten Morgen so, als hätte man uns für eine Revanche ausgesucht. Dreimal kamen deutsche Bomber laut dröhnend sehr nahe, gabelten die PETARD ein und prügelten sie richtig durch. Eine Bombe detonierte so nahe am Rumpf, daß das Schiff in die Gischt eintauchte und wie ein wildes Pferd bockte. Die Beleuchtung fiel aus, und alles, was nicht niet- und nagelfest war, flog wild durch die Gegend. Glücklicherweise hatten wir etwas Luftsicherung, und wir konnten beobachten, wie unsere Jäger zwei deutsche Maschinen herunterholten.«

Ein paar Tage später schossen die Geschützmannschaften der PETARD ihre zweite Ju-88 ab, als das Schiff einen Konvoi nach Tobruk begleitete.

Die Hauptaufgabe der Navy bestand zu jener Zeit darin, Handelsschiffe zu schützen, die Nachschubgüter für Häfen in Libyen transportierten, während die 8. Armee auf dem Vormarsch war, sowie die Truppen der Achsenmächte an der Flucht aus Nordafrika zu hindern. Der Oberbefehlshaber sandte einen allgemeinen Funkbefehl an alle britischen Kriegsschiffe mit der Anweisung: »Versenken, Verbrennen und Zerstören. Laßt keinen durch.« Die PETARD untersuchte zwei Lazarettschiffe, fand jedoch an Bord keine diensttauglichen Truppen vor.

Am 13. Dezember – am Tag als Bletchley Park die ersten Funksprüche entziffern konnte, die mit der Enigma für den Schlüsselkreis Triton chiffriert waren – fuhr die PETARD von Tobruk nach Bengasi; sie hatte gerade die Hafeneinfahrt erreicht, als ein schwerer Luftangriff begann. Reg Crang notierte: »Es kam uns so vor, als ob wir in ein Inferno hineinfahren würden. Bomben schlugen im Hafengebiet ein, und unsere sämtlichen Geschütze feuerten blindlings drauf los, als wir uns in den Hafen hineinzwängten, um einen Liegeplatz zu finden. Ein in der Nähe liegender Tanker wurde getroffen und brennendes Öl quoll heraus, breitete sich auf dem Wasser aus und setzte ein paar kleinere Schiffe aus Holz in Brand. Nach dem Festmachen erschienen einige vom RASC, um ihre Vorräte abzuholen; sie machten sich nichts aus dem Bombardement, das um sie herum niederging.«

Am nächsten Tag fuhr die PETARD zusammen mit dem griechischen Zerstörer VASILISSA OLGA nach Malta. Die Schiffe waren davor gewarnt worden, daß ein britisches U-Boot, die P-35, auf ihrem Kurs operieren würde. Am nächsten Tag, kurz nach drei Uhr morgens, eine neue Wache war gerade aufgezogen, konnten die Ausgucks ein Fahrzeug etwa 1,5 Seemeilen voraus an Backbord ausmachen, das gleichen Kurs hielt. Es war eine dunkle, mondlose Nacht, und auf der Brücke nahm man an, daß es sich um ein Überwasserfahrzeug handelte. Als die Zerstörer näher kamen, war in den starken Nachtgläsern zu erkennen, daß ein U-Boot seine Batterien auflud. Da er annahm, daß sie früher als erwartet auf P-35 gestoßen waren, ließ Lieutenant Commander Thornton Vorsicht walten. Er befahl einem Signalgasten, das Fahrzeug mit der Morselampe anzurufen. Das U-Boot, nun querab, antwortete, indem es zwei Torpedos abfeuerte und dann auf Tiefe ging. Der Asdic-Raum meldete, daß Torpedos auf das Schiff zuliefen, die PETARD ging mit dem Ruder hart Backbord, um zwischen die phosphoreszierenden Laufbahnen zu gelangen.

Jack Hall hatte gerade Dienst im Asdic-Raum; das Echo war ausgezeichnet und er gab ständig Peilung und Fahrtrichtung des U-Boots durch. Es war windstill, und die See war ruhig. Die PETARD warf eine Wasserbombe, die auf eine Detonationstiefe von 15 Metern eingestellt war. Dann warfen beide Schiffe Bombenteppiche, wobei das U-Boot beschädigt und zum Auftauchen gezwungen wurde. Vom Asdic-Raum vorgewarnt, daß das Boot die Tauchtanks anblasen würde, richtete die PETARD ihren 10-cm-Suchscheinwerfer auf den Kommandoturm, als das U-Boot die Wasseroberfläche in etwa einer Kabellänge Entfernung – ca. 180 Meter – durchbrach. Der Scheinwerfer der VASILISSA OLGA fand ebenfalls schnell sein Ziel, sein Suchstrahl überkreuzte sich mit dem der PETARD.

John Mackness, Geschützbedienung an einer Oerlikon, erzählte dem Verfasser, was dann passierte: »Der Kommandant rief ›Feuer eröffnen‹, und ich durchsiebte den Kommandoturm förmlich und zielte auf Gestalten, die an der Reling entlang in Richtung des Decksgeschützes liefen. Der Kommandant hatte den ständigen Befehl erteilt, Dauerfeuer aufrechtzuerhalten, so daß die Besatzung im Boot festgehalten werden sollte und es nicht selbst versenkte.« Das Boot wurde zudem mit Pom-Pom-Granaten eingedeckt. (Später stellte sich heraus, daß es sich bei dem gegnerischen Fahrzeug um das italienische U-Boot UARSCIEK handelte, das sich auf seiner 25. Einsatzfahrt befand. Der Kommandant hatte seiner Besatzung den Befehl erteilt, sofort nach dem Auftauchen das Boot zu verlassen. Er war einer der ersten, die getötet wurden, als die Mannschaft über Bord sprang oder Schutz suchte.)

Der Bericht von Lieutenant Commander Thornton, durch die Admiralität als »Streng geheim« eingestuft, bis er vom Public Record Office 1974 freigegeben wurde, gibt zunächst Auskunft über den Beginn der Aktion und fährt dann fort: »Bis dahin hatte das Schiff die unangenehme Aufgabe erledigt, das U-Boot mit Gewehrfeuer zu beharken, als die Besatzung von Bord sprang, eine große Zahl von ihnen wurde dabei niedergemetzelt. Einer unserer Matrosen rief einem Mann auf dem Boot zu, er solle nach unten gehen und die Maschinen abstellen. Der Italiener hatte Glück, daß nicht ich ihn entdeckt hatte, sonst wäre er erschossen worden. Wie dem auch sei, er stoppte die Maschinen, obwohl er durch Splitter schwer verwundet worden war. Ich ging längsseits in der Absicht, das Boot vor dem Sinken auszuräumen. Statt dessen ließ ich mit der Bugleine festmachen und ein Prisenkommando übersetzen. Die VASILISSA OLGA erhielt Anweisung zu stoppen, Überlebende aufzunehmen und uns abzuschirmen.«

Besatzungsmitglieder der PETARD, die von Bord aus die Versenkung des italienischen U-Boots beobachten konnten, haben eine etwas andere Erinnerung an den Tod der italienischen U-Bootleute. Sie konnten Männer erkennen, einige von ihnen unbekleidet, die am Kommandoturm zum Oberdeck hinunterrutschten und dabei von Pom-Pom-Granaten und den Geschossen aus der Oerlikon in Stücke gerissen wurden. Reg Crang notierte in sein Tagebuch:

> »Als die unbekleideten Männer aus dem Kommandoturm stiegen, um auf das Deck zu gelangen, eröffneten beide Kriegsschiffe ein mörderisches Gewehrfeuer. Keiner an Deck kann dieses Gemetzel überlebt haben. Nach einer längeren Feuerpause ging die PETARD näher heran. Ein paar weitere unbekleidete Männer erschienen, wir nahmen an, um sich zu ergeben, als ein Maschinengewehr auf der Brücke erneut das Feuer eröffnete und sie regelrecht abknallte. Die Besatzung war über das, was wir als einen persönlichen Racheakt unseres Kommandanten empfanden, völlig entsetzt. Gott sei Dank hörte es gleich auf. Jetzt aber war die PETARD so nahe an das U-Boot herangekommen, daß eine Kollision unvermeidlich war. Ein entsetzliches Krachen war zu hören, als die PETARD das U-Boot teils rammte, teils auf seinen Rumpf stieg. Mit ›Maschinen äußerste Kraft zurück‹ kam sie wieder frei. Jetzt konnten wir daran denken, die Überlebenden zu retten, statt sie zu töten. Der Morgen dämmerte schon, und die italienischen Seeleute sprangen ins Wasser und schwammen auf uns zu. Viele riefen etwas, was sich wie »Aiuta« anhörte, ich nehme an, das bedeutet ›Hilfe‹. Ein paar von ihnen, wahrscheinlich waren sie verletzt oder Nichtschwimmer, trieben außerhalb unserer Reichweite ab, wir konnten ihnen nicht mehr helfen. Es war schrecklich, das mit ansehen zu müssen.«

Stunden später begann die UARSCIEK zu sinken; das Prisenkommando kehrte zur PETARD zurück, während das U-Boot unter die Wasseroberfläche glitt. Reg Crang vermerkte in seinem Tagebuch:

»Wir waren enttäuscht, daß wir nicht die Ehre hatten, eine solch sensationelle Beute mit nach Hause zu bringen. Am späten Nachmittag erreichten wir Malta. Irgendetwas war durchgesickert, und eine große Menschenmenge hatte sich versammelt. Als unser Skipper befahl, eine erbeutete italienische Flagge zu schwenken, brach riesiger Jubel aus. Vielen von uns war jedoch nicht danach zumute, sich mit unserem Erfolg zu brüsten. Ich glaube nicht, daß ich jemals das ›Aiuta‹ ertrinkender Menschen vergessen kann.«

In seinem zwei Jahrzehnte nach diesen Ereignissen geschriebenen Buch erinnert sich Gordon Connell, damals Sub-Lieutenant:

»Die Klingel zum Einstellen des Feuers läutete und besänftigte das mörderische Geknatter der auf kurze Entfernung abgefeuerten Waffen, viele standen angesichts dessen, was sie im widerwärtigen Licht des Scheinwerfers gesehen hatten, entsetzt und wie betäubt da. Eine Zeitlang war es still, dann kamen noch mehr weiße Gestalten, meist unbekleidet, auf dem Kommandoturm zum Vorschein, sie schreckten vor dem fürchterlich blendenden Lichtstrahl des Scheinwerfers zurück und stolperten über die scheußlich blutigen Überreste ihrer Kameraden. Die Stimme des Kommandanten war in der herrschenden Stille gut zu hören, als er befahl, das Feuer erneut zu eröffnen. Die Geschütze aber schwiegen, sie konnten nicht so weit nach unten gerichtet werden, um das U-Boot zu treffen, einige der Männer zögerten auch, den Befehl auszuführen, jeder war angesichts dieses Gemetzels erschüttert. Die Sekunden tickerten dahin, immer mehr Gestalten stürzten aus dem Kommandoturm, und der Kommandant wiederholte seinen Befehl.

Aus der Dunkelheit der Brücke begann ein Lewis-MG sein widerliches Solo, es war auf die Männer gerichtet, die nach achtern rannten. Kugeln zerfleischten die Körper, drei oder vier fielen hin, bevor das Schießen abrupt endete. Der Kommandant versuchte verzweifelt, eine Kollision zu verhindern. Ihm war entgangen, daß sich das U-Boot auf Kollisionskurs befunden hatte. Das Schiff traf knirschend auf den Druckkörper der UARSCIEK, bevor es mit äußerster Kraft zurück wieder freikam, wurde das U-Boot nahezu überrannt. Erst in dem Augenblick, als die Schreie der Verwundeten und Ertrinkenden zu vernehmen waren, bestätigte sich die Nationalität des U-Boots. Mark Thorntons schlimme Befürchtung, daß es sich um das britische P-35 handeln könnte, bestätigte sich demnach nicht. Bereits die ersten Salven des Geschützfeuers hatten ihren Zweck erfüllt, sie setzten die Kanone des U-Boots außer Gefecht und töteten den italienischen Kommandanten, gerade als er im Begriff war, die Geheimsachen über Bord zu werfen. Diese wurden neben seiner Leiche in einer Tasche gefunden, die mit Gewichten beschwert war.

Die zweite Salve der PETARD war bei diesem Gemetzel möglicherweise gerechtfertigt. Die Männer, die nach achtern zu einer Kuppel rannten, könnten einem Himmelfahrtskommando angehört haben, das irgendeine Vorrichtung aktivieren sollte, um einer Kaperung vorzubeugen oder das Boot zu zerstören; das ist zwar unwahrscheinlich, aber durchaus möglich. Im Krieg läßt man es eben nicht drauf ankommen, aber unsere Gegenmaßnahme war und bleibt schrecklich.«

John Mackness, Geschützbedienung an einer Oerlikon, erwähnte in einem Gespräch mit dem Verfasser: »Es tat mir außerordentlich leid. Ich muß viele von ihnen getroffen haben. Aber im Krieg kommt es darauf an, den Feind zuerst zu töten, bevor er selbst die Gelegenheit dazu hat.«

Mervyn Romeril, heute Bankmanager im Ruhestand, konnte alles genau beobachten. Er erzählte dem Verfasser: »Ich war Ladenummer an der Steuerbord-Oerlikon und erinnere mich noch lebhaft an den Moment, als wir Befehl erhielten, auf die italienische Besatzung zu feuern. Man kam sich vor, als ob man an einer Schießbude auf dem Jahrmarkt stehen würde. Ich sah, wie Männer in die Luft geschleudert wurden, bevor sie ins Wasser fielen. Sie hatten versucht, das Geschütz auf dem Bootskörper zu bemannen, wir oder sie, darauf kam es an. So ist das im Krieg. Es war ein fürcherlicher Anblick. Das Bild verfolgte mich noch jahrelang.«

Auf die Frage, ob er sich noch daran erinnere, daß ein Maschinengewehr von der Brücke gefeuert habe, nachdem der Befehl zum Einstellen des Feuers gegeben worden war, antwortete er: »Ich weiß nichts von einem Lewis-MG oder von Schüssen nach dem Einstellen des Feuers. Einmal hatten wir ein italienisches Schnellfeuergewehr, das irgendeiner in Marsa Matruh oder Tobruk hat mitgehen lassen und das auf der Reling in der Nähe der Torpedorohre montiert war.«

Ted Saunders erinnert sich: »Einer der Italiener, die wir an Bord nahmen, hatte einen zerfetzten Arm. Wir besaßen nur Mittel für eine lokale Anästhesie, also verabreichte der Doktor ihm Rum, amputierte ihn und wies uns an, was von dem Arm noch übrig war, über Bord zu werfen.« Zu den Schüssen aus der Lewis befragt, antwortete er: »Ja, es gab eine Lewis an Bord, Kaliber 7,6 Millimeter. Es würde mich nicht wundern, wenn der Skipper sie selbst von der Brücke aus abgefeuert hätte.«

Die PETARD nahm 32 Gefangene an Bord. Die Verwundeten, einige von ihnen mit schweren Verletzungen, wurden von Surgeon-Lieutenant William Prendergast versorgt, ein Kriegsfreiwilliger aus County Derry, der das Blutvergießen laut vernehmlich verurteilte.

Lieutenant Commander Thornton DSO RN wurde mit dem Distinguished Service Cross ausgezeichnet, und die Admiralität sah über ihre Bestimmungen hinweg, indem sie die gleichzeitige Verleihung des Griechischen Militärkreuzes gestattete. Die Empfehlung zur Verleihung des Ordens stellte fest: »Besonders hervorzuheben ist, daß die PETARD die ganze Zeit über hervorragend geführt wurde und es ihr beinahe gelungen ist, das von seiner Besatzung aufgegebene U-Boot einzubringen. Das Enterkommando wurde mit Schneid und Entschlossenheit geführt.«

Lieutenant David Arthur Dunbar-Nasmith RN erhielt das Distinguished Service Cross und Signalmaat Randell Chapman sowie Leading Seaman Trevor Tipping wurden mit der Distinguished Service Medal ausgezeichnet. Midshipman Peter Thomas Alleyne Goddard RN, der das Prisenkommando befehligte, und Signalgast Kenneth Hannay wurden ehrenvoll im Gefechtsbericht erwähnt.

Drei Wochen lang, über Weihnachten und Neujahr, lag die PETARD zweimal in Alexandria im Dock, um notwendige Reparaturen durchzuführen, die bei der Kollision mit dem italienischen U-Boot entstanden waren. In dieser Zeit verließ Lieutenant Commander Thornton das Schiff. Surgeon-Lieutenant Prendergast hatte einen Bericht geschrieben, in dem er empfahl, daß sich der Kommandant einer medizinischen Untersuchung unterziehen solle, und seine Ablösung ging rasch vonstatten. Lieutenant Commander Rupert Egan übernahm das Kommando, als die PETARD Ende Januar das Dock verließ.

Anfang April 1943 unternahm die PETARD in Begleitung der PALADIN einen nächtlichen Vorstoß. Sie liefen mit Höchstgeschwindigkeit von 36 Knoten nach Sousse, um die tunesische Hafenstadt zu beschießen; die vorrückende 8. Armee stand nur noch ein paar Kilometer vor der Stadt. Die Schiffe benutzten Kartenmaterial, das auf der UARSCIEK erbeutet worden war, gelangten sicher durch die Minenfelder und entgingen knapp der Entdeckung durch patrouillierende deutsche U-Boote. Sie erreichten Sousse, wo das Geschützfeuer der 8. Armee jenseits der Stadt zu vernehmen war.

Beide Schiffe richteten ihre 10,2-cm-Geschütze auf ein kleines blaues Blinklicht am Ende der Hafenmole, das offenbar dazu diente, einem erwarteten Nachschubkonvoi Navigationshilfe zu leisten. Acht Salven wurden abgegeben, das blaue Licht erlosch. Während sie abliefen, kreuzte ein Schnellbootverband ihren Kurs. Die PALADIN – die PETARD fuhr in Kiellinie dicht hinter ihr – hielt direkt auf die Schnellboote zu. Während sie einen Rauchschleier legten, eröffneten beide Schiffe mit ihren Pom-Poms und Oerlikons das Feuer. Die Schnellboote bestrichen die beiden Zerstörer mit MG-Feuer; niemand wurde verletzt, größere Schäden waren nicht zu vermelden.

Während der folgenden sechs Wochen geleitete die PETARD Versorgungsschiffe in das zurückeroberte Sfax, der Kurs führte durch Seegebiete, die vor Treibminen wimmelten. Die Decksmannschaft hatte alle Hände voll zu tun, um die Minen mit gezielten Gewehrschüssen zur Explosion zu bringen. Nach Sonnenuntergang tauchten am 24. April feindliche Flugzeuge aus der Dunkelheit auf und bestrichen die PETARD vom Heck bis zu den Brückenaufbauten mit Feuer aus ihren Bordwaffen; weder die Ausguckposten auf der Brücke noch das Radar hatten sie zuvor ausmachen bzw. auffassen können. Die gesamte Bedienungsmannschaft an Geschütz Y wurde ausgelöscht, drei waren auf der Stelle tot, und der Geschützführer wurde lebensgefährlich verletzt. Ein Mitglied der Munitionsmannschaft wurde ebenfalls getötet und zehn verwundet, vier von ihnen schwer. Man nahm an, daß es eine einzelne Maschine war, die zudem viel zu schnell flog, um den Typ erkennen zu können. John Mackness jedoch, Geschützbedienung an einer Oerlikon, erinnert sich, vier Ju-88 in Kiellinie fliegend gesehen zu haben: »Wäre ich 15 Zentimeter größer gewesen, hätte es mir den Kopf weggerissen«, meinte er in Anspielung auf seine geringe Körpergröße von 1,60 Meter, »im Munitionskasten hinter mir befanden sich Einschußlöcher.«

Mervyn Romeril hatte Dienst als Brückenausguck, am selben Tag war er von seinem Posten als Ladenummer an Geschütz Y abkommandiert worden – das hatte ihm wohl das Leben gerettet. Er erinnert sich: »Ich habe nur ein einziges angreifendes Flugzeug bemerkt, allerdings hatte ich mich geduckt, als ich Leuchtspurmunition über meinem Kopf sah.«

In der Nähe von Malta, die Besatzung hatte sich die ganze Nacht über auf Gefechtsstationen befunden, riefen die Ausgucks, daß ein U-Boot steuerbord voraus aufgetaucht sei. Die Pom-Pom-Geschütze eröffneten das Feuer auf den Kommandoturm, das U-Boot schoß einen Torpedo und führte ein Schnelltauchmanöver durch. Die PETARD legte sich nach Backbord über, als sie hart andrehte, um der Laufbahn des Torpedos auszuweichen, der ganz nah steuerbord achtern vorbeilief. Zum Erstaunen der Besatzung setzte die PETARD danach ihren ursprünglichen Kurs fort. Reg Crang notierte: »Der Skipper, immer sehr zuverlässig, hatte gerade genug Zeit besessen, dem Torpedo auszuweichen. Aber es war verdammt knapp gewesen. Eine Wasserbombenverfolgung schien ein klarer Fall zu werden, aber wir liefen weiter, offenbar, weil es auch ein britisches U-Boot hätte sein können.«

Zwanzig Meilen vor Kap Bon, in der Nacht zum 4. Mai, versenkten die PETARD, die PALADIN und die NUBIAN den italienischen Zerstörer CAMPOBASSO und den Dampfer PERSEO, der Kraftfahrzeuge, Bomben und Landminen befördert hatte. Die Ladung flog in einer mächtigen Explosion in die Luft; dies geschah in Sichtweite der letzten Festung des Gegners in Nordafrika, wo die Nachschubgüter der PERSEO verzweifelt erwartet worden waren.

Nach der Kapitulation Rommels in Tunesien, am 12. Mai, richteten die alliierten Luftstreitkräfte und die Navy ihre mächtige Feuerkraft gegen die italienische Insel Pantelleria im Kanal von Sizilien, die den engen Seeweg beherrschte, der die östliche und westliche Mittelmeerküste verbindet. Seit Beginn der Operation mit dem Codenamen »Retribution« nahm die PETARD daran teil. Am letzten Tag des Feldzugs in Nordafrika stieß sie dann zu einem Sicherungsverband für den Kreuzer ORION, der aus den Zerstörern ISIS und NUBIAN bestand, um die Landeoperation auf Sizilien zu decken. Der Schiffsverband wagte sich in Sichtweite einer 28-cm-Küstenbatterie ganz dicht unter Land vor; die Batterie fand ihr Ziel allerdings sehr schnell und gabelte die PETARD mit den ersten beiden Salven ein. Diese zog sich auf die offene See zurück, nachdem sie zum Schutz der anderen Schiffe einen Rauchschleier gelegt hatte. Die Einschläge lagen jedoch so nahe am Heck, daß die Beplattung sich verzog und Wasser eindrang. Auf dem Rückweg nach Malta waren die Pumpen ständig in Betrieb.

Anfang Juli hoffte die Besatzung, endlich Heimaturlaub zu bekommen, als die PETARD Gibraltar in Richtung Atlantik passierte, aber diese Hoffnung zerstreute sich rasch. Sie stieß mit fünfzehn anderen Zerstörern zu einem Verband, der aus den Schlachtschiffen HOWE, KING GEORGE V., NELSON, RODNEY, WARSPITE und VALIANT sowie den Flugzeugträgern INDOMITABLE und FORMIDABLE bestand und Kurs auf Sizilien hielt, um die Landungen zu decken.

Die Invasion begann am 10. Juli, die Seestreitkräfte patrouillierten weit draußen vor den Strandabschnitten, um sicherzustellen, daß die italienische Flotte nicht eingreifen konnte. Am zweiten Tag wurde die PETARD detachiert und nach Malta beordert, um einen besonderen Auftrag zu übernehmen.

Am 12. Juli, um zwei Uhr nachts, kam der Oberbefehlshaber der alliierten Streitkräfte General Dwight D. Eisenhower in Begleitung seiner Stabsoffiziere an Bord, und die PETARD brachte sie zum britischen Strandabschnitt bei Pachino. Dort kam ein Verkehrsboot längsseits, um Eisenhower und seinen Stab zu einer Konferenz mit General Bernard Montgomery auf dessen Befehlsschiff LARGS zu bringen. Nach seiner Rückkehr, etwa eine Stunde später, jagte die PETARD mit 34 Knoten Geschwindigkeit zur Bucht von Porto Palo auf der östlichen Seite von Kap Passero, wo Eisenhower mit Lieutenant General Miles Dempsey und dem Befehlshaber der Seestreitkräfte, Rear Admiral Philip Vian, eine Unterredung führte. An keinem der Strandabschnitte gab es irgendwelche Anzeichen von Kampfhandlungen, der Vorstoß ins Landesinnere war bereits in vollem Gange. Um die Mittagszeit kehrte Eisenhower auf die PETARD zurück, um nach Malta zurückzufahren. Reg Crang schrieb in sein Tagebuch: »Als ein junger Seemann sich vorwagte, um ihn um ein Autogramm zu bitten, tat er ihm den Gefallen mit der Bemerkung ›Klar, Junge‹. Andere Jungs folgten seinem Beispiel. Als Jimmy (der Erste Offizier) davon Wind bekam, geriet er fast aus dem Häuschen und stellte das Ganze sofort ein. Auf unserem Weg an der Küste entlang feuerte der Feind dreimal auf uns. Sämtliche Einschläge lagen zu kurz, deshalb bestand keine Gefahr. Der General jedoch zuckte zusammen. Es war uns eine Ehre, mit dieser Aufgabe betraut worden zu sein.«

Am nächsten Tag wurde die PETARD vom Geschütz eines Panzers getroffen, als sie den Fahrzeugverkehr auf einer Küstenstraße in der Nähe von Catania, im Osten Siziliens, unter Feuer nahm. Die Granate ging glatt durch das Schiff hindurch, stanzte dort, wo sie wieder austrat, ein nettes Loch, richtete aber sonst keinen weiteren Schaden an. Am selben Abend beschoß die PETARD mit drei weiteren Zerstörern ein Flugfeld bei Catania. Das Radar konnte eine Ju-88 auffassen, die im Tiefflug von achtern kam. Der Radargast gab per Sprachrohr eine Warnmeldung nach unten an die Brücke durch. Die PETARD drehte hart nach Steuerbord, kurz darauf lief ein Torpedo an der Backbordseite entlang. Das wäre beinahe schiefgegangen. Reg Crang schrieb begeistert in sein Tagebuch: »Das Radargerät hatte seine Möglichkeiten unter Beweis gestellt, unsere Moral ist dadurch mächtig gestiegen.«

In derselben Woche war die PETARD an zwei weiteren Beschießungen Catanias beteiligt. Ein Teil der Zerstörersicherung lag dicht unter Land, während 38-cm-Granaten des Schlachtschiffes WARSPITE, einem Veteranen der Skagerrakschlacht, über die Schiffe hinwegsausten. Als die PETARD während der Nacht nach Malta zurückfuhr, gab es einen schweren Luftangriff, sie kam jedoch ungeschoren davon. Am folgenden Tag fuhr sie mit fünf anderen Zerstörern Geleitschutz für die Kreuzer AURORA und PENELOPE. In der folgenden Nacht wurde die Stadt Cotrone beschossen, die am Stiefelabsatz des italienischen Festlandes liegt. Die PETARD feuerte 160 Schuß 10,2-cm-Granten.

Am 30. Juli wurde die PETARD während eines Highline-Manövers mit dem Schlachtschiff WARSPITE beschädigt. Sie war mit 20 Knoten Geschwindigkeit längsseits gegangen, um Dokumente zu übergeben. Der Rumpf wurde stellenweise eingedrückt, tiefe Risse entstanden, und ein Magazin wurde geflutet. Zur Freude der Besatzung lief die PETARD zur Instandsetzung nach Malta. Reg Crang schrieb: »Wir glauben alle, daß wir eine Pause verdient haben. In dieser Woche waren wir die meiste Zeit über draußen, um U-Abwehraufgaben wahrzunehmen. Wir haben Landungsschiffe nach Syrakus geleitet und sogar an Flottenmanövern teilgenommen.«

Bereits am 6. August war die PETARD zusammen mit der VASILISSA OLGA wieder im Einsatz. An der Ostküste Siziliens schleppten sie Landungsboote zu Strandabschnitten hinter den feindlichen Linien. Die Soldaten waren an Bord der Zerstörer eingeschifft worden, bevor sie auf die Landungsboote umstiegen, um während der Nacht an Land zu gehen, Brücken zu sprengen und den Rückzug des Gegners zu stören. Danach mußten sie sich aus eigener Kraft zu den Linien der Alliierten durchschlagen. Die PETARD lief weiter, um an den allmorgendlichen Bombardements entlang der Küste Kalabriens teilzunehmen. Diese Beschießungen unterbrachen nachhaltig den Straßen- und Eisenbahnverkehr des Gegners. Die Lokführer stoppten in Tunnels, um dort Zuflucht zu suchen, und ließen den Rest des Zuges als Zielscheibe im Freien stehen. Reg Crang notierte: »Wir fuhren so dicht unter Land, daß wir Gefahr liefen, auf Grund zu geraten. Sowohl die Lastwagenkonvois als auch den Güterzugverkehr brachten wir ganz schön durcheinander. Es waren Ziele, die wir auf so kurze Entfernung gar nicht verfehlen konnten. Ein mit Munition beladener Zug flog in einer gewaltigen Explosion in die Luft und wir konnten beobachten, wie Güterzugwaggons von einer Bahntrasse an einem Abhang auf den Strand hinunterpurzelten. Mehrmals mußten wir Vergeltungsschläge durch Artillerie und Panzer über uns ergehen lassen. Sie hätten uns eigentlich treffen müssen, denn ein paarmal wurden wir von Granten eingegabelt.«

Die PETARD war daraufhin kurze Zeit in Augusta stationiert, wo die Besatzung sich vor allem über Früchte oder Tomaten freute, da sie mehrere Wochen auf frisches Obst und Gemüse hatte verzichten müssen. Das Schiff führte offensive Vorstöße in die Straße von Messina durch, eines Nachts zerstörte es mit seinen Geschützen einen Leuchtturm. Während heftiger Luftangriffe fuhr die PETARD Geleitsicherung für die beiden Schlachtschiffe RODNEY und NELSON.

Mitte August hatten die Alliierten ganz Sizilien erobert und Montgomerys 8. Armee stand kurz davor, über die Straße von Messina zu setzen, um dann auf dem italienischen Festland weiter vorzudringen. Mussolini war gestürzt worden. Die neue, von König Viktor Emanuel eingesetzte Regierung unterzeichnete am 3. September einen geheimen Waffenstillstandsvertrag. Am selben Tag, dem vierten Jahrestag des Kriegsausbruchs, überquerte die 8. Armee die Straße von Messina, ohne auf nennenswerten Widerstand zu stoßen und landete an der Stiefelspitze Italiens.

Sechs Tage später eskortierte die PETARD als Teil eines Verbandes von zwölf Zerstörern einen Geleitzug, der von zwei Schlachtschiffen und einem Flugzeugträger angeführt wurde, nach Tarent. Dort wurden 6000 Soldaten der 1. Luftlandedivision ausgeschifft. Weil keine Flugzeuge zur Verfügung standen, hatten die Kriegsschiffe den Transport der Truppen übernommen. Während der Fahrt durch das Ionische Meer mußte der Verband heftige Luftangriffe über sich ergehen lassen, aber die Schiffsflak und Luftunterstützung durch die Trägerflugzeuge sorgten dafür, daß kein Schiff verlorenging. Ein Kreuzer sank durch Minentreffer.

John Mackness erinnert sich: »Die Flugzeuge flogen so tief an, daß das Schrapnellfeuer unserer eigenen 10,2-cm-Geschütze wie Hagel niederprasselte.« Die PETARD zog die aus vier Mann bestehende Besatzung zweier Ju-88-Torpedobomber aus dem Wasser, die innerhalb des Geleitschirmes der Zerstörersicherung abgeschossen worden waren, als sie versuchten, an die Schlachtschiffe heranzukommen. Reg Crang schrieb in sein Tagebuch: »Ich nehme an, wir haben jetzt schon sieben Schlauchboote mit Überlebenden rausgezogen (37 Mann insgesamt, darunter 28 Deutsche). Das geht auf das Konto unserer Ausgucks, die wirklich unschlagbar sind, wenn es sich um das Erkennen kleinerer Objekte handelt.«

Die restlichen Schiffe der in Tarent liegenden italienischen Flotte erhielten Befehl, Malta anzulaufen, um sich dort internieren zu lassen. Die deutsche Luftwaffe versenkte in wütenden Angriffen das neueste Schlachtschiff und Flaggschiff der italienischen Flotte, die ROMA, mit zwei direkten Treffern ferngelenkter Gleitbomben.

Während Tarent von alliierten Truppen besetzt wurde, begann das Unternehmen »Avalanche«, die bis dahin größte amphibische Operation des Krieges. Die Fünfte Alliierte Armee, die sich aus dem Britischen 10. Korps und dem 5. US-Korps zusammensetzte, landete bei Salerno und im Golf von Policastro, südlich von Neapel. Gegen zähen deutschen Widerstand wurden vier Landeköpfe gebildet. Massive deutsche Verstärkungen strömten nach Italien, besetzten Rom, befreiten Mussolini aus seinem Gefängnis in einer Bergfestung und wandten sich nach Süden, um gegen die alliierten Brückenköpfe vorzugehen.

Nach der Kapitulation der italienischen Marine hatten die Großkampfschiffe der Flotte den Rückmarschbefehl erhalten, und die Besatzung der PETARD war hocherfreut, dem Zerstörergeleit anzugehören. Die Hoffnung war groß, daß es diesmal wirklich nach Hause ging. Bald nachdem sie Malta in Richtung Gibraltar verlassen hatten, traf der Befehl zur Umkehr ein. Ein Offensivvorstoß von Einheiten fünf deutscher Panzerdivisionen gegen den Landekopf bei Salerno hatte eine schwere Krise ausgelöst; das amerikanische 6. Korps war fast bis zum Strandufer zurückgedrängt worden. Jetzt sollten die schweren Schiffsgeschütze die Panzer knacken; allerdings wurden auch Pläne für eine Evakuierung vorbereitet.

Die PETARD stieß zu einer Flottille von vier Zerstörern, die die Schlachtschiffe WARSPITE und VALIANT eskortierte, während diese auf Panzeransammlungen in den Bergen hinter den Strandabschnitten feuerten. Am Nachmittag des 15. September brachte ein Kutter der PETARD eine Abteilung Artilleriebeobachter an den Strand und wartete dann weiter draußen. Amerikanische Soldaten kauerten in niedrigen Gräben, die sie gerade oberhalb des Meeresspiegels in den Sand geschaufelt hatten. Die Zerstörer legten einen Rauchschleier, um die schweren Schiffseinheiten abzuschirmen, welche kaum 2000 Meter vor der Küste lagen. Derweil markierten die vorgeschobenen Beobachter die Ziele. Die acht 38,1-cm-Geschütze der WARSPITE donnerten volle Breitseiten, die riesigen Granaten pfiffen über die PETARD hinweg, dann folgten die Kreuzer PENELOPE, AURORA, MAURITIUS und die U.S.S. PHILADELPHIA, die britischen und amerikanischen Zerstörer beteiligten sich schließlich ebenfalls an der Beschießung.

Die PETARD lag unweit der Küste und feuerte mit ihren 10,2-cm-Geschützen Salven in hügeliges Gelände etwas oberhalb der vordersten amerikanischen Linien. Alliierte Flugzeuge trugen ihren Teil zu dem Spektakel bei, indem sie mit Bomben und Bordwaffen angriffen, während die Schiffsgeschütze für kurze Zeit das Feuer einstellten. Im Tal von Sele befand sich das Hauptangriffsziel. Dort hatten am 14. September vier deutsche Divisionen, die von Tiger-Panzern unterstützt wurden, einen etwa drei Kilometer breiten Keil zwischen den US-Brückenkopf und das Britische 10. Korps getrieben, das weiter nördlich, in der Flanke der Amerikaner, gelandet war.

Durch die Wucht des Angriffs auf Truppen, Panzer und Versorgungseinheiten brach die Offensive der Deutschen zusammen, und die Britische 7. Panzerdivision, die mit drei Kreuzern aus Tripolis überführt worden war, wurde angelandet. Die 8. Armee vereinigte sich am 16. September mit dem Landekopf der 5. Armee, und die deutschen Truppen zogen sich bis zu einer quer durch Italien verlaufenden befestigten Linie südlich von Rom zurück. Das Kriegstagebuch des Oberkommandos der Wehrmacht bemerkt hierzu: »Unsere Offensive mußte abgebrochen werden ... wegen des äußerst effizienten Feuers feindlicher Seestreitkräfte und ständiger Luftangriffe.«

Bei Anbruch der Dunkelheit wanden sich die beiden Schlachtschiffe durch einen Schwarm kleinerer Fahrzeuge, die sich vor den Strandabschnitten versammelt hatten und schwere Verluste durch ferngelenkte Gleitbomben hinnehmen mußten, in Richtung der offenen See. Sie wurden von der Luftwaffe verfolgt, die heftige Bomben- und Torpedoangriffe auf die beiden Einheiten konzentrierte. Die schweren Luftabwehrgeschütze der Schlachtschiffe legten ein gewaltiges Sperrfeuer.

Die PETARD wurde von einer Granate getroffen, gerade als ihre Geschütze ebenfalls zu feuern begannen. Diese riß oberhalb der Wasserlinie ein Loch von etwa 50–60 Zentimeter Durchmesser in die Bordwand, Splitter verursachten Verluste unter der Besatzung und weitere Schäden im Schiffsinnern. Zwei Mann wurden auf der Stelle getötet und bald darauf der See übergeben. Sechs weitere Besatzungsmitglieder wurden verwundet, drei von ihnen schwer. Reg Crang schrieb in sein Tagebuch: »Unsere Schlachtschiffe feuerten mit ihrer Mittelartillerie und niedrigem Richtwinkel auf Torpedobomber, die nur so über die Wellen hüpften. Eine 15-cm-Granate, die wahrscheinlich von der WARSPITE abgefeuert worden war, detonierte im Vorschiff in der Mannschaftsmesse, genau inmitten der Munitionsverteilerstelle für die Geschütze A und B.« Einer der Verwundeten war der Asdic-Gast Jack Hall, dessen Gefechtsstation sich im Messedeck unter Geschütz A befand, falls er nicht im Asdic-Raum Dienst hatte. Seine Aufgabe war es, Granaten vom Munitionsaufzug auf einer Rutsche zu Geschütz A auf dem Vordeck weiterzubefördern. Noch fünfzig Jahre später erinnert er sich an den Vorfall:

> »Es gab eine Explosion, einen Splitterregen, dann herrschte totale Finsternis. Ich stolperte in Richtung Oberdeck und hatte gar nicht bemerkt, daß ich verwundet war, bis ich anfing, meine Schwimmweste aufzublasen und sah, daß Blut aus einem Loch in meiner Brust sprudelte. Ich lief in Richtung der Krankenstation, wo der Schiffsarzt meine Wunden behandelte. Ein Granatsplitter hatte eine richtige Furche über meinen Rücken gezogen, und ein anderer war in meinen Rücken eingedrungen und vorne wieder herausgekommen. Später erfuhr ich, daß meine beiden Kameraden in Stücke gerissen wurden. Freiwillige wurden gesucht, um das, was von ihnen übriggeblieben war, einzusammeln und für die Bestattung in Hängematten zu packen. Niemand erklärte sich dazu bereit, deshalb wurden zwei Mann abgeteilt – sie erhielten eine doppelte Ration Rum.«

Nach weiteren Aufklärungsfahrten in der Adria, die ohne Zwischenfall verliefen, erhielt die PETARD den Befehl, zusammen mit der PANTHER nach Alexandria zu verlegen, um die Schiffsverluste, die während der Operationen im Ägäischen Meer entstanden waren, zu ersetzen.

Die Royal Navy erlitt während dieser militärischen Katastrophe schlimme Verluste – es handelte sich um einen Versuch, aus der Kapitulation Italiens Nutzen zu ziehen, indem die griechische Inselgruppe des Dodekanes besetzt werden sollte, die hauptsächlich von italienischen Truppen gehalten wurde.

Nach der Kapitulation Italiens hatte Hitler rasche Maßnahmen angeordnet, um den Dodekanes von den italienischen Einheiten zu übernehmen. Das deutsche Fliegerkorps besetzte mit hunderten von Flugzeugen der Typen Ju-87, Ju-88, Me-110 und Me-109 Flugfelder auf Rhodos; deutsche Truppen setzten zum Sprung auf die übrigen Inseln an. Durch den ständigen Informationsfluß aufgefangener Funksprüche war Churchill über die deutschen Maßnahmen gut unterrichtet, ohne Rücksicht drängte er jedoch zum Vorstoß auf die Inseln. Die Situation erinnerte an das gescheiterte Gallipoli-Unternehmen dreißig Jahre zuvor. Die Ju-87 Sturzkampfbomber machten die Ägäis zum Friedhof der Zerstörer. Auf Kos, nördlich von Rhodos gelegen, befand sich der einzige Flugplatz, der nicht in deutscher Hand war. In der Nacht auf den 14. September landeten britische Fallschirmjäger, um das Flugfeld zu sichern; eine Staffel Spitfire flog am nächsten Tag ein. Drei Tage später erhielt die Insel erhebliche Verstärkungen durch Truppen, die von Zerstörern überführt wurden. Als sich H.M.S. PETARD im Oktober 1943 an den Kampfhandlungen in der Ägäis beteiligte, war der griechische Zerstörer VASILISSA OLGA, ihre Gefährtin aus alten Tagen, bereits verlorengegangen; Mitte September hatte die OLGA zwei Handelsschiffe mit deutscher Besatzung vernichtet, die Truppen zu den Inseln im Dodekanes beförderten. Am 26. September wurde sie von Stukas angegriffen und versenkt, wobei ihr Kommandant, Korvettenkapitän Georges Blessas, und siebzig Mann der Besatzung ums Leben kamen. Der sie begleitende Zerstörer H.M.S. INTREPID wurde ebenfalls versenkt.

Bei Tagesanbruch am 3. Oktober überwältigten deutsche Fallschirmjäger die britische Besatzung, die das Flugfeld auf Kos verteidigen sollte. 2000 Mann zusätzlicher deutscher Truppen gingen von 17 Schiffen mit Unterstützung durch 130 Bomber an Land. Der Navy war es nicht gelungen, die Truppentransporter abzufangen, weil drei Zerstörer zur Sicherung eines vor Malta zusammengezogenen Schlachtschiffverbandes abgestellt worden waren. Nach dem erzwungenen Rückzug der Spitfires von Kos war der alliierte Schiffsverkehr den Stukas ausgeliefert. Churchill forderte bei Eisenhower bzw. dessen britischen Stellvertreter Air Chief Marshal Sir Arthur Tedder während einer kurzen Unterbrechung der Kämpfe in Italien verzweifelt Luftunterstützung an. Als Zeichen guten Willens wurden amerikanische Jagdflugzeuge vom Typ Lightning vorübergehend auf dem Flugfeld von El Adem in der Nähe von Bengasi stationiert.

Am 7. Oktober kam die Nachricht vom Fall der Insel Kos, gerade als die PETARD und die PANTHER, die als Flakschutz für den Kreuzer CARLISLE fuhren, in die Kämpfe eingreifen sollten. Mit zwei weiteren Zerstörern waren sie auf der Suche nach einem deutschen Landungsverband, der sich, so war gemeldet worden, im Anmarsch auf die kurz zuvor von britischen Truppen eroberte Insel Leros befand. Die Suche mußte ergebnislos abgebrochen werden, und bei Tagesanbruch zogen sich die Schiffe durch die nicht ganz ungefährliche Straße von Scarpento zurück. Die beiden mitlaufenden Zerstörer wurden von der ROCKWOOD und der griechischen MIAOULIS abgelöst; mit 25 Knoten Geschwindigkeit durchquerten die fünf Einheiten bei Tageslicht die Meerenge in nördlicher Richtung. Während amerikanische Lightnings, die sich im halbstündigen Rhythmus ablösten, Luftsicherung flogen, blieb alles ruhig. Dann zogen Wolken auf; der sechste Ablösungsflug war bereits überfällig, als aus Reg Crangs Radarraum anfliegende Maschinen gemeldet wurden. Es schien, als ob die bereits erwarteten Lightning-Jäger aufgefaßt worden waren. Statt dessen stießen sechzehn Stukas aus der Sonne auf den Verband herab. Sie konzentrierten ihren Angriff auf das größte Schiff, und die CARLISLE erhielt mittschiffs sofort vier schwere Treffer; durch mehrere Nahdetonierer wurden Welle und Schraube an Backbord weggerissen. Während einer kurzen Kampfpause näherte sich die PANTHER rückwärts der CARLISLE und versuchte, sie in Schlepp zu nehmen. Dann erschienen noch mehr Stukas.

Die PANTHER hatte gerade wieder Fahrt voraus aufgenommen, um den Bomben auszuweichen, als sie mittschiffs zwei Treffer erhielt, zwei Bomben detonierten nahe am Schiff. Sie machte weiterhin Fahrt, es hatte den Anschein, als ob sie in die ruhige See eintauchen wollte. Die meisten ihrer Besatzungsmitglieder wurden von der MIAOULIS aufgenommen, die hinter ihr gefahren war. Die längst überfälligen Lightnings trafen schließlich doch noch ein, sie hatten die Schiffe erst ausmachen können, als sie Explosionen und Rauchsäulen entdeckten. Vier Stukas waren durch die Schiffsflak abgeschossen worden; die 10,2-cm-Geschütze der PETARD hatten pro Minute 22 Schuß abgegeben, die Pom-Poms und Oerlikons feuerten so schnell, wie ihre Geschützbedienungen nachladen konnten. Die Lightnings schossen in rascher Folge zehn weitere Stukas sowie die Ju-88 ab, die den Schiffsverband beschattet hatte. Ihre Verspätung jedoch kostete die Navy einen Kreuzer und einen Zerstörer.

Der Brückenausguck Mervyn Romeril erinnert sich:

> »Als sie erkannten, daß wir keine Luftsicherung hatten, flogen die Stukas wie ein Bienenschwarm die CARLISLE an. Wir fuhren im großen Bogen um sie herum und feuerten aus allen Rohren. Der Kommandant lag auf dem Rücken und rief uns Ruderkommandos zu, ›Hart Backbord‹ oder ›Hart Steuerbord‹, als er sah, daß es die Stukas auch auf uns abgesehen hatten. Wenn ein Stuka-Pilot einmal zum Sturz auf sein Ziel angesetzt hat, ist er nicht mehr in der Lage, seinen Kurs zu ändern; falls ein Schiff also seine Fahrtrichtung schnell genug korrigieren kann, gehen die Bomben daneben. Es war wirklich haarsträubend. Wir wurden mehrmals von Bomben eingegabelt, aber keine traf. Die PANTHER war eben dabei, die CARLISLE in Schlepp zu nehmen, als noch mehr Stukas angriffen. Sie hatte gerade wieder Fahrt voraus aufgenommen, da wurde sie getroffen. Sie verschwand in einer Welle aus Gischt. Als wir während unserer Fahrt im Kreis wieder an der Stelle vorbeikamen, konnte ich nur noch Bug und Heck aus dem Wasser ragen sehen; der Zerstörer war in der Mitte durchgebrochen. Als wir dann zum dritten Mal vorbeikamen, war das Schiff verschwunden.«

Dies war der letzte Einsatz der Lightnings über der Ägäis gewesen. Der Stellvertreter General Eisenhowers, Air Chief Marshal Tedder, hatte bereits ihre Rückverlegung an die italienische Front angeordnet; der Feldzug im Dodekanes mußte deshalb praktisch ohne Luftsicherung durchgeführt werden. Zu dieser Zeit befanden sich zwei britische Flugzeugträger und sechs Geleitträger im Mittelmeer. Keiner wurde detachiert, um die sich zäh verteidigenden Einheiten in der Ägäis zu unterstützen.

John Mackness erinnert sich, daß der Einsatz der Lightnings der einzige Fall einer relativ gut funktionierenden Luftsicherung blieb: »Die meiste Zeit über sorgten Beaufighters, die von Flugfeldern auf Zypern gestartet waren, für eine Deckung aus der Luft. Wegen der großen Entfernung, die sie zurücklegen mußten, konnten sie einen Schiffsverband aber nicht sehr lange begleiten. Sobald sie den Rückflug antraten, entdeckte uns meist eine Ju-88, und diese informierte dann die Stukas.« Er fügte dem hinzu: »Die Stuka-Angriffe waren so ziemlich das Schlimmste, was wir durchmachen mußten.«

Die CARLISLE wurde zurück nach Alexandria geschleppt, unterwegs gab es keine weiteren Luftangriffe. Sie hatte achtzehn Tote und siebzehn Verwundete an Bord; das Schiff war so schwer beschädigt worden, daß sich eine Instandsetzung nicht mehr lohnte.

Die PETARD unternahm zwei Versorgungsfahrten nach Leros, die Decks waren vollkommen überladen mit Soldaten, kleineren Kraftfahrzeugen und Nachschubgütern. Tagsüber suchte sie Zuflucht in türkischen Gewässern, bei Nacht fuhr sie, unentdeckt durch deutsche Flugzeuge, weiter. Auf der dritten Fahrt geriet sie in einen schweren Luftangriff, Leuchtkugeln erhellten die Szenerie. Sie wurde jedoch nicht getroffen. Im Hafen von Leros wurde sie so heftig mit Bomben belegt, daß das Löschen der Ladung schließlich unterbrochen werden mußte. Die PETARD fuhr auf die offene See hinaus und nahm die Truppen und Teile der Ausrüstung wieder mit zurück nach Alexandria.

Den vierten Spießrutenlauf durch die Reihen der Stukas führte der Zerstörer ECLIPSE unter dem Kommando von Commander E. Mack an. Auf den Decks der beiden Zerstörer türmte sich Armeeausrüstung, und Soldaten des East Kent Regiment (die »Buffs«) bevölkerten die Messedecks. Reg Crang notierte am 26. Oktober: »Die Situation ist so besorgniserregend, daß der Kommodore persönlich auf der ECLIPSE eingestiegen ist, um sich ein Bild von der Lage zu machen.« Die ECLIPSE mit Kommodore Percy Todd, dem Befehlshaber der Zerstörer in der Levante, an Bord und die PETARD, die 188 Soldaten der Buffs unter Deck sowie Fahrzeuge und weitere Ausrüstung mitführte, die das Oberdeck verstopften, waren am 23. Oktober ausgelaufen. Sie wurden von den Zerstörern ALDENHAM, EXMOOR, HURSLEY und ROCKWOOD begleitet, die zur Hunt-Klasse gehörten. Der Kreuzer PHOEBE fuhr als Flakschutz bis zur Sicherheitsgrenze südlich von Rhodos mit, einer gedachten Linie, die von den Flottenbefehlshabern als Begrenzung einer Risikozone für wertvolle Schiffseinheiten festgelegt worden war. Das Tagebuch von Reg Crang gibt über die Ereignisse, die dann folgten, Auskunft:

> »Auf unserem Weg nach Norden erhielten wir schlechte Nachrichten. Für uns völlig ungewohnt, gab eine Beaufighter die Meldung per Aldis-Lampe durch. Ihre Mitteilung besagte, daß zwei Zerstörer der Hunt-Klasse, die HURWORTH und die griechische ADRIAS in ein Minenfeld geraten waren. Die HURWORTH war gesunken, auslaufendes brennendes Öl hatte schreckliche Verluste an Menschenleben gefordert. Der ADRIAS war der Bug weggerissen worden, aber ihrem Kommandanten war es gelungen, das Schiff auf Strand zu setzen. Er hatte die Position des Minenfelds an das Flugzeug durchgegeben, damit diese unserem Verband auf seinem Weg nach Norden mitgeteilt würde. Irgendwo in der langen Nachrichtenkette hatte sich jedoch ein tragischer Fehler eingeschlichen, was die genaue Lage des minenverseuchten Gebietes anbetraf.
>
> Dieses befand sich östlich der Insel Kalymnos, aber in der Meldung, die wir aufgefangen hatten, war ›westlich‹ angegeben. Von der ECLIPSE erging der Befehl an die restlichen Zerstörer der Hunt-Klasse, das Seegebiet zur Durch-

führung eines Ablenkungsmanövers zu verlassen und eine andere Insel zu beschießen. Dies sollte unsere Chancen für eine erfolgreiche Landung auf Leros erhöhen. Die ECLIPSE, dicht gefolgt von der PETARD, hatte einen Kurs gewählt, der östlich Kalymnos genau in das Minenfeld führte. Keine 200 Meter vor uns flog sie in einer schrecklichen Explosion in die Luft. Innerhalb weniger Sekunden war sie gesunken.
Mit einem Notmanöver befahl Skipper Egan ›Beide Maschinen äußerste Fahrt zurück‹, und die PETARD konnte noch rechtzeitig abstoppen. Jetzt kam es zunächst darauf an, Ausschau nach Überlebenden zu halten. Diese Aufgabe löste sowohl bei der Besatzung als auch bei den eingeschifften Soldaten etwas die Ängste und die Anspannung, die der Horror eines Minenfeldes erzeugen kann, wenn es dazu auch noch stockdunkel ist. Wiederum war der Verlust an Menschenleben entsetzlich. An Bord des Zerstörers hatten sich 220 Besatzungsmitglieder und weitere 200 Soldaten des Buffs-Regiment befunden. Unsere Beiboote konnten nur 44 von ihnen retten. Unter den Getöteten befand sich auch Commodore Percy Todd, der sich, bittere Ironie, ein Bild davon machen wollte, wie schlimm die Lage wirklich war. Der Kommandant der ECLIPSE, Commander Mack, wurde zusammen mit dem Colonel, der die Buffs befehligte, gerettet. Später erfuhren wir, daß ein paar stramme Schwimmer es geschafft hatten, die türkische Küste zu erreichen, eine erstaunliche Leistung.
Wir hatten jetzt 440 Menschen an Bord eines Zerstörers, der nur für 150 Mann Besatzung konstruiert war. Die Soldaten an Bord taten uns leid. Sie befanden sich in einer viel schlimmeren Lage als wir. Wegen der schlechten Vorbereitung mußte das Vorhaben, einige der Inseln des Dodekanes zu erobern, mit Sicherheit in einer Katastrophe enden. Die Bodentruppen konnten nur auf ein rasches Ende des Feldzugs und dann auf die Gefangenschaft hoffen. Die beiden übriggebliebenen Hunt-Zerstörer kamen längsseits und übernahmen die Soldaten, um sie in der Bucht von Alinda an Land zu bringen. Im Augenblick stand es uns frei, diese trostlosen Gewässer zu verlassen und mit Höchstgeschwindigkeit nach Alexandria zu fahren, um die paar Glücklichen an Land zu bringen, die das tragische Ende der ECLIPSE überlebt hatten.«

Während des fünften Vorstoßes der PETARD in das Ägäische Meer war Lieutenant Commander Egan kommandierender Offizier einer aus drei Zerstörern bestehenden Flottille. Alle hatten Truppen und Ausrüstung für Leros an Bord. Der Kreuzer AURORA fuhr als Begleitschutz mit, und seine mächtige Flugabwehrbewaffnung war bald gefragt. Eine größere Formation Ju-88, die von sechs Me-109 eskortiert wurden, griff aus großer Höhe an, aber sämtliche Bomben fielen ins Wasser. Eines der Flugzeuge wurde durch das Sperrfeuer der vier Schiffe abgeschossen.

Nach weiteren Angriffen aus großer Höhe erschienen vierzehn Stukas und trafen die AURORA. Die meisten Geschütze wurden außer Gefecht gesetzt.

46 Mann wurden getötet, 20 verletzt. Der Zerstörer BEAUFORD begleitete sie auf dem Rückmarsch, die PETARD und die BELVOIR setzten ihren Weg nach Leros fort. Kurz vor Einbruch der Dunkelheit griffen sechzehn Ju-88 an, beide Zerstörer fuhren vierzig Minuten lang Ausweichmanöver und konnten Treffer verhindern, dann erschien ein Beaufighter und vertrieb die Bomber. Später warfen noch einmal acht Ju-88 ihre Bomben aus großer Höhe ab, ohne Wirkung zu erzielen. Einer von ihnen kam jedoch im Tiefflug zurück und warf eine Bombe auf die BELVOIR, die das Schiff knapp hinter dem vorderen Geschütz traf. Sie durchschlug zwei Decks, ohne zu detonieren. Der Blindgänger wurde von Hand zu Hand über die Niedergänge hinauf an Deck befördert und über das Heck ins Wasser geworfen.

Lieutenant Commander Egan gab Befehl zum taktischen Rückzug, da die Schiffe noch immer von den Ju-88 belästigt wurden. Nach Einbruch der Dunkelheit ließ er jedoch umkehren, um den Rest der Nacht und den gesamten nächsten Tag in türkischen Hoheitsgewässern zu warten. In der folgenden Nacht erreichten sie Leros, die Soldaten gingen an Land, die Nachschubgüter wurden gelöscht, dann fuhren sie wieder zurück in Richtung der türkischen Küste. Dort kam der örtliche Hafenkapitän an Bord, der sich mit dem Grund ihrer Anwesenheit zufriedengab, als er eine Hilfsmaschine erblickte, die wegen eines fingierten Fehlers in ihre Einzelteile zerlegt worden war. Bis zum Anbruch der Dunkelheit genoß er die Gastfreundschaft der Offiziersmesse, dann fuhren beide Schiffe durch die Nacht nach Alexandria.

Während der nächsten Einsatzfahrten der PETARD in der Ägäis hatte sie den Auftrag, deutsche Truppentransporter abzufangen, die in Richtung Leros unterwegs waren. Angeblich waren Schiffe im Seegebiet um die Insel Kalymnos zusammengezogen worden. In der ersten Nacht auf See erfaßte das Radargerät ein Überwasserfahrzeug in etwa zwei Seemeilen Entfernung. Der Scheinwerfer wurde eingeschaltet, und in seinem Rampenlicht erschienen zwei kleine Küstensegler sowie ein Landungsboot, die randvoll mit deutschen Soldaten beladen waren. Die PETARD, die ROCKWOOD sowie der polnische Zerstörer KRAKOWIAK eröffneten das Feuer mit ihrer Hauptarmierung und schossen die Schiffe in Brand.

Kurz darauf war im Schein einer Leuchtgranate, die über dem Hafen von Kalymnos abgefeuert wurde, ein großer Frachter zu erkennen, der an einer Mole festgemacht hatte. Granaten der Zerstörer setzten ihn in Brand, und Lieutenant Commander Egan führte die PETARD bis an die Hafeneinfahrt heran, um sicherzugehen, daß das Schiff vernichtet war. Er befahl, einen Torpedo in den Hafen zu schießen. Während sie die Insel Kos in geringem Abstand passierten, wechselten die Geschützbedienungen der 10,2-cm-Kanonen von Flugabwehr-Modus auf die Bekämpfung von Landzielen und feuerten auf Flugzeuge, die gerade vom Rollfeld des Flugplatzes auf Marmari starteten. Bei Mondlicht flogen Schwärme deutscher Bomber stundenlang Angriffe auf die Schiffe; manche flogen taktische Muster, die eine Attacke mit Gleitbomben erwarten ließ. Mehrere schlugen ganz in der Nähe ein, und kurz nach Mitternacht wurde die ROCK-

WOOD von einer Bombe getroffen, die jedoch nicht detonierte. Sie ging glatt durch das Schiff hindurch und trat unter der Wasserlinie wieder aus; die Ruderanlage war beschädigt worden. Während die Geschütze, nunmehr wieder auf Flugabwehr-Modus geschaltet, ununterbrochen feuerten, gelang es der PETARD, eine Trosse zu übergeben, danach schleppte sie die ROCKWOOD in türkische Gewässer. Zwei Wellen deutscher Bomber warfen ergebnislos Leuchtkugeln und Bomben, als die Schiffe etwa zehn Meilen offener See überqueren mußten, um in neutrale Küstengewässer zu gelangen. Dort wurde das von der Gleitbombe verursachte Loch notdürftig geflickt, und im Schlepp erreichte die ROCKWOOD Alexandria.

Am 12. November landeten deutsche Truppen auf Leros; die PETARD lag gerade in Alexandria, wo ihre 10,2-cm-Geschütze schon zum zweiten Mal innerhalb eines Monats durch das Werkstattschiff WOOLWICH neu beseelt werden mußten. Der Widerstand der schlecht ausgerüsteten britischen Truppen, die unter schweren Verlusten nach Leros überführt worden waren, brach nach nur fünf Tagen zusammen – in jenen fünf Tagen lag die PETARD längsseits der WOOLWICH. Die Garnison auf Leros war nach schweren Stuka-Angriffen von Fallschirmjägern überwältigt worden. 3000 britische Soldaten gerieten in Gefangenschaft, 250 entkamen in die Türkei und wurden dort interniert. Mehr als 5000 Italiener, deren Regierung Deutschland am darauffolgenden Tag den Krieg erklärte, kapitulierten. Viele italienische Offiziere wurden als Überläufer erschossen.

Am 19. November unternahm die PETARD ihren letzten Vorstoß – es war der achte – in die gefährlichen Gewässer der Ägäis. Sie hatte den Auftrag, britisches Armee- und Luftwaffenpersonal ausfindig zu machen, das sich möglicherweise per Boot von Leros hatte absetzen können, um auf Kos Zuflucht zu suchen – es wurden jedoch keine entflohenen Gefangenen entdeckt.

Das kostspielige Abenteuer auf dem Dodekanes war vorüber. Von den Leiden der griechischen Inselbewohner einmal abgesehen, den italienischen Besatzungen, die von Feinden zu Verbündeten wurden, sowie der britischen Armee und der RAF hatte die Royal Navy zweifelsohne den höchsten Preis an Schiffen und Menschenleben bezahlt. Sechs Zerstörer, zwei U-Boote und acht kleinere Einheiten fielen Flugzeugen oder Minen zum Opfer, vier Kreuzer und vier Zerstörer wurden beschädigt.

Die Operationen in der Ägäis waren ein Beispiel dafür, daß auch vortreffliche nachrichtendienstliche Erkenntnisse, wie sie etwa Ultra liefern konnte, ohne das entsprechende militärische Potential wertlos sind.

Die Besatzung der PETARD war völlig erschöpft und quittierte die Nachricht mit Erleichterung, daß das Schiff zur Reinigung der Kessel nach Haifa gehen solle. Die Crew erhielt Weihnachtsurlaub. Dann stieß die PETARD zu einem Sicherungsverband für die Schlachtschiffe QUEEN ELIZABETH, VALIANT und RENOWN sowie die Flugzeugträger ILLUSTRIOUS und UNICORN. Gerüchte machten die Runde, daß es nach Fernost ginge, um an den Kämpfen gegen Japan teilzunehmen.

SIEBTES KAPITEL

Die Versenkung eines japanischen U-Kreuzers

Die gewaltige Streitmacht, die sich Ende 1943 in Alexandria versammelt hatte, fuhr anschließend durch den Suez-Kanal, um die Fernost- bzw. die Pazifische Flotte zu unterstützen. Die Zerstörer PETARD, PALADIN, PATHFINDER und ROCKET bildeten die Nahsicherung. Nach der Ankunft in Trincomalee, dem Stützpunkt der Fernostflotte an der Nordostküste Ceylons (dem heutigen Sri Lanka), erhielten die PETARD und die PALADIN Befehl, zum Geleit für die fünf Truppentransporter des Konvois KR 8 zu stoßen, um diese auf der Fahrt von der kenianischen Flottenbasis Kilindini nach Colombo zu eskortieren. An Bord der Truppentransporter befanden sich afrikanische Soldaten auf dem Weg nach Burma sowie eine größere Zahl Angehöriger des Women's Royal Naval Service (Wrens), des Womens Army Service (ATS) und Krankenschwestern.

Die Zerstörer überquerten den Äquator – mit der traditionellen Linientaufe – und machten vor dem Addu-Atoll südlich der Malediven Station. Dort genossen die Besatzungen einen Badeaufenthalt an den traumhaft schönen Stränden des Indischen Ozeans, während die Schiffe aus einem Tanker Brennstoff ergänzten.

Amerikanische Kryptoanalytiker waren in der Lage, 90 Prozent des japanischen Funkverkehrs mit der Bezeichnung »Purple« zu entziffern, der über Chiffriermaschinen abgewickelt wurde, die nicht annähernd so technisch ausgefeilt waren wie die deutsche Enigma. Deshalb nahm man an, daß sich keine japanischen U-Boote in der Nähe aufhielten.

Reg Crang schrieb am 9. Februar in sein Tagebuch: »Während der letzten beiden Wochen war das Leben hier wunderbar. So muß es wohl in der Vorkriegsmarine gewesen sein.« Drei Tage später befand sich die PETARD schon wieder im Einsatz.

Am 12. Februar, kurz nach Tagesanbruch, stießen die beiden Zerstörer zu dem Konvoi. Er wurde von einem einzigen Schiff begleitet, dem Kreuzer HAWKINS, einem Veteranen aus dem Ersten Weltkrieg. Der Kommodore des Geleitzugs fuhr auf dem Passagierschiff KHEDIVE ISMAIL an der Spitze, H.M.S. HAWKINS stand an Backbord und die VARSAVA an Steuerbord. Die drei anderen Fahrzeuge folgten jeweils in deren Kielwasser. Die PETARD hatte eine Position steuerbord achtern eingenommen und fuhr Zick-Zack-Kurse, die PALADIN folgte backbord achtern. Da mit japanischen U-Booten in diesem Seegebiet nicht gerechnet wurde, lief der Konvoi auf geradem Kurs, um schneller voranzukommen. Sämtliche Frauen befanden sich an Bord des Führungsschiffs des Geleits, der KHEDIVE ISMAIL, das die angenehmsten Unterbringungsmöglichkeiten besaß. Mehr als 600 afrikanische Soldaten eines Artillerieregiments mit ihren britischen Offizieren und Unteroffizieren sowie 200 Mann Marinepersonal waren unter Deck zusammengepfercht. Viele der 40 Queen Alexandra-Armeekrankenschwestern, 22 der Marine-Nachrichtenhelferinnen und Angehörige des ATS nahmen ein Sonnenbad, andere wiederum lauschten im Gesellschaftsraum einem Konzert von Nachwuchskünstlern oder nahmen an einer Tombola auf dem Achterdeck teil.

In der einschläfernden tropischen Hitze dieses Nachmittags entdeckte der Wachoffizier der PETARD, Lieutenant Robert de Pass, frischgebackener Erster Offizier, auf der in der Sonne glitzernden Wasseroberfläche zwischen zwei Truppentransportern etwas, das wie ein Periskop aussah. Fünfundfünfzig Jahre später erzählte er dem Verfasser in seinem Haus in Petworth, Sussex: »Ich nahm an, ein Periskop gesehen zu haben. Auf einer glitzernden, von der Sonne beschienenen Wasseroberfläche kann man sich da aber nie sicher sein. Auf jeden Fall ließ ich auf das Objekt zudrehen und gab Gefechtsalarm. Sekunden später konnte ich die Laufbahnen zweier Torpedos erkennen, die auf die Truppentransporter zusteuerten. Dann gab es zwei mächtige Explosionen. Die KHEDIVE ISMAIL war binnen weniger Sekunden verschwunden, in diesem Moment übernahm der Kommandant die Schiffsführung.«

Als der Passagierdampfer KHEDIVE ISMAIL versank, erteilte die HAWKINS per Flaggensignal den Befehl, daß der Konvoi sich zerstreuen solle. Ihre Schiffssirenen heulten. Die PALADIN warf bereits Wasserbomben, der Skipper der PETARD aber zögerte noch, bis er einen festen Asdic-Kontakt hatte. Beide Zerstörer ließen ihre Kutter zu Wasser, um die Schiffbrüchigen aufzunehmen und die Geretteten auf die PALADIN zu bringen; die PETARD hatte somit freie Hand, das U-Boot aufzuspüren und anzugreifen, bevor es die anderen Truppentransporter attackierte. Die Asdic-Gasten auf der PETARD ermittelten Kurs und Fahrt des U-Boots – das »Ping« des Sonargeräts verriet ihnen, daß es sich um ein größeres Fahrzeug handeln mußte – und die PALADIN trieb an der Untergangsstelle, um die Schiffbrüchigen aufzufischen, die inmitten von Wrackteilen und ölverklebtem Wasser schwammen.

Während die PALADIN etwa 260 Menschen aufnahm, darunter nur fünf der jungen Frauen, führte die PETARD wiederholt Angriffe mit Wasserbomben durch. Die Besatzung hielt scharfen Ausguck nach Schiffbrüchigen, die sich unter Umständen an jenen Stellen im Wasser befanden, wo die Detonationen riesige Fontänen hochschleuderten. Später, als nur noch leblose Körper zwischen den Wrackteilen trieben, mußte die PETARD auch hier ihre tödliche Last abwerfen, weil das Asdic-Gerät das sich mit Schleichfahrt fortbewegende U-Boot genau dort in Lauerstellung aufgefaßt hatte; anscheinend suchte es unterhalb der Schiffbrüchigen Deckung.

Die dritte Serie mit zwölf Wasserbomben warf einen Berg von Wasser ganz nahe am Heck der PETARD auf. Wrackteile des gesunkenen Schiffes, die hoch in die Luft geschleudert wurden, fielen zurück ins Meer, als plötzlich die Umrisse eines U-Boots von gewaltiger Größe in einem Wirrwarr aus entweichender Druckluft und Gischt auftauchten. Hinter dem Kommandoturm waren riesige Gleitschienen, die zur Mitnahme von Zwei-Mann-U-Booten dienten, zu erkennen, und davor war ein mächtiges 12-cm-Geschütz montiert. Die Besatzung der PETARD beobachtete, wie ein paar Gestalten aus dem Kommandoturm stürzten, um das Geschütz zu bemannen; zugleich drehte das U-Boot zum Überwasserschuß an. Beide Zerstörer antworteten mit Salvenfeuer auf den Rumpf, den Kommandoturm und das Geschütz. Die Männer auf dem U-Boot wurden ins Wasser geschleudert, andere erschienen, um den selbstmörderischen Versuch zu wagen, das Geschütz klarzumachen, während das U-Boot den 10,2-cm-Granaten auszuweichen versuchte. Die Kanone war schnell außer Gefecht gesetzt; das Periskop war erkennbar verbogen.

Während der Kommandant der PETARD das Feuer einstellen ließ und einem möglichen Torpedoangriff auszuweichen versuchte, rief Lieutenant de Pass: »Die PALADIN setzt zum Rammen an, Sir!« Etwa 1000 Meter steuerbord querab der PETARD lief der andere Zerstörer mit Höchstgeschwindigkeit. Egan brüllte: »Halten Sie sie auf!« Die PETARD ließ ihre Sirene aufheulen und erteilte zugleich per Blinklampe und Flaggensignal den Befehl »Nicht rammen«. Die PALADIN reagierte sofort und legte sich weit nach Backbord über – aber es war bereits zu spät. Sie hatte zuviel Fahrtüberschuß und stieß mit der Breitseite gegen den Rumpf des U-Boots, dessen backbord vordere Tiefenruder schlitzten ihr auf etwa fünf Metern Länge die Seite auf. Etwa 750 Meter von dem U-Boot entfernt kam sie zum Stillstand, das Boot jedoch fuhr mit unverminderter Geschwindigkeit weitert. Die PALADIN hatte zehn Grad Schlagseite nach Backbord und war außer Gefecht gesetzt.

Weil vom Periskop nur noch ein Stumpf übrig war, schien dem Kommandanten des U-Boots offenbar entgangen zu sein, daß einer der Angreifer sich nicht mehr wehren konnte. Um den Gegner noch mehr zu verwirren, ließen die Pom-Poms und Oerlikons über dem Kommandoturm einen Geschoßhagel niedergehen. Die PETARD schloß dicht an das U-Boot heran, das weiterhin etwa acht Knoten Fahrt machte, verringerte dann die Geschwindigkeit auf 18 Knoten und passierte querab im Abstand von etwa drei Metern. Der Zerstörer warf einen Teppich aus acht Wasserbomben kurz vor den Bug des gegnerischen Fahrzeugs. Riesige Wassersäulen verstellten den Blick auf das U-Boot, und als sich die See wieder beruhigt hatte, machte der Gegner, offenbar unbeschädigt, immer noch Fahrt voraus. Die PETARD griff noch zweimal nach ähnlichem Muster an, es wurde jedoch deutlich, daß die Detonationstiefe der Wasserbomben nicht flach genug eingestellt werden konnte, um entscheidende Wirkung zu erzielen.

Die PETARD zog sich zurück und schoß auf 3000 Meter Entfernung Salvenfeuer aus allen vier 10,2-cm-Geschützen. Die Granaten mit Aufschlagzünder detonierten jedoch, ohne den Stahlrumpf des U-Boots durchschlagen zu können. Im Magazin in Trincomalee waren keine Panzersprenggranaten vorrätig gewesen. Der Kreuzer HAWKINS hätte das U-Boot mit einer einzigen Salve seiner 19-cm-Geschütze vernichten können, er war jedoch mit den restlichen Schiffen des Konvois unter dem Horizont verschwunden.

Lieutenant de Pass, der Torpedooffizier, erhielt Befehl, die Torpedorohrsätze auf das weiterhin acht Knoten Fahrt machende U-Boot auszurichten und sie vom Zielgerät auf der Brücke abzufeuern. Ein Angriff auf bewegliche Ziele wurde normalerweise mit einem Fächer aus vier Torpedos durchgeführt. Skipper Egan nahm jedoch an, daß bei einer Entfernung von 1000 Metern, ruhiger See und hervorragender Sicht ein Einzelschuß genügen würde. Ein 53,3-cm-Torpedo mit dem Gewicht von einer Tonne verließ den vorderen Rohrsatz. Die berechnete Laufzeit betrug 45 Sekunden, und die Besatzung verharrte in gespannter Erwartung. Als sich nach zwei Minuten noch immer nichts tat, war klar, daß es sich um einen Fehlschuß gehandelt hatte. Ein zweiter Torpedo ging auch daneben. Der Torpedomeister, S. Leullette, rief auf der Brücke an und protestierte gegen diese Verschwendung der kostbaren Waffen. Er wurde gar nicht beachtet. Ein dritter und vierter Torpedo verfehlten ebenfalls ihr Ziel. Leullette rief in Richtung der Brücke und bat um Erlaubnis, die restlichen Torpedos mit dem Zielgerät auf dem Rohrsatz abfeuern zu dürfen. Niemand nahm von ihm Notiz. Lieutenant de Pass nahm erneut Maß, daraufhin verließen ein fünfter, dann ein sechster Torpedo ihren Rohrsatz, keiner traf. Sie hatten nur noch einen einzigen Torpedo in Reserve, als de Pass den Befehl zum Abfeuern des siebten erteilte. Ärgerlich wartete die Besatzung die 45 Sekunden Laufzeit ab, dann stießen alle einen Seufzer der Erleichterung aus, als eine riesige Wassersäule und Flammen das gegnerische Fahrzeug verdeckten. Als sich die See wieder beruhigt hatte, war das U-Boot verschwunden. Die Crew der PETARD war von den Ereignissen noch zu benommen, als daß sie hätte in Jubel ausbrechen können. Das Torpedo-Drama hatte quälend lange 70 Minuten gedauert. Zweieinhalb Stunden waren vergangen, seitdem das U-Boot aufgetaucht war und drei Stunden und zehn Minuten seit dem Untergang der KHEDIVE ISMAIL.

Erst jetzt konnte die PETARD sich um ihr angeschlagenes Schwesterschiff kümmern. Sie ging längsseits der PALADIN, deren Lecks mit Hängematten notdürftig gestopft worden waren, und nahm sämtliche Überlebenden an Bord. Dann schleppte sie den verkrüppelten Zerstörer zum 150 Seemeilen entfernten Addu-Atoll. Der Kreuzer HAWKINS begleitete die vier restlichen Schiffe des Konvois KR 8, bis sie sichere Gewässer erreicht hatten. Dann eilte er zum Addu-Atoll, um die Schiffbrüchigen von der PETARD zu übernehmen.

Der Kommandant der PETARD, gerade frisch zum Commander befördert, gab in seinem offiziellen Bericht eine etwas geschönte Darstellung der Ereignisse; die Unterlagen wurden erst vierzig Jahre später freigegeben. Reg Crang dagegen schrieb folgendes in sein Tagebuch:

> »Jedesmal, wenn wir uns der Masse der im Wasser treibenden Schiffbrüchigen näherten, hatten wir Asdic-Kontakt zu dem feindlichen U-Boot. Wieder und wieder warfen wir Wasserbomben, die Frauen und Männer im Wasser durchlitten einen entsetzlichen Todeskampf. Per Zufall oder absichtlich nahm das U-Boot unter ihnen Zuflucht. Trotzdem hatte es den Anschein, als ob es sich davonstehlen wollte, und wir mußten den Suchbereich erweitern. Eineinhalb Stunden nach dem Untergang der KHEDIVE ISMAIL fingen wir an, uns Sorgen zu machen. Wir hatten längere Zeit über keine Wasser-

bomben geworfen und unsere Chancen verschlechterten sich. In ein paar Stunden würde es dunkel werden.
Ich stand auf der Signalbrücke und überwachte den steuerbord achteren Sektor, als vor meinen Augen ein Kommandoturm auftauchte, unerwartet und unheimlich. Rufe ertönten, das Signalpersonal wirbelte wie wild umher, und für ein paar Augenblicke herrschte Panik. Das Schiff legte sich über, als wir hart nach Backbord drehten. Es war ein großes U-Boot, kein Zweifel. Es schien gepanzert zu sein, denn unser Geschützfeuer konnte ihm nichts anhaben. Das Boot mag schwer beschädigt gewesen sein, aber es machte keine Anstalten, sich kampflos zu ergeben oder unterzugehen. Es versuchte, mit dem Bug auf uns zuzuhalten, um einen letzten verzweifelten Torpedoschuß auf uns loszumachen.
Obwohl unser Skipper der dienstältere Offizier war, entschied sich der Kommandant der PALADIN eigenmächtig zu einer Art Verzweiflungstat. Unsere Zerstörerschwester lief rückwärts, um Anlauf für einen kräftigen Rammstoß gegen das U-Boot zu nehmen. Während sie zum Angriff ansetzte, jubelten ihr viele unserer Besatzung voller Bewunderung zu. Die PALADIN konnte noch rechtzeitig ausscheren, um einer möglichen Selbstzerstörung zu entgehen, aber es war bereits zu spät, eine Beschädigung zu verhindern. Die aus dem Rumpf hervorragenden Tiefenruder des U-Boots schlitzten ihr den Bauch auf. Die PALADIN legte sich über, machte eine Menge Wasser und stoppte. Sie war außer Gefecht gesetzt.
Jetzt waren wir an der Reihe. Unser Kommandant entschied sich seinerseits für eine ungewöhnliche, wenn nicht verzweifelte Maßnahme. Er fuhr gefährlich nahe an das U-Boot heran, so daß wir ihm Wasserbomben direkt in den Weg werfen konnten. Sie waren auf geringe Tiefe eingestellt, um den größtmöglichen Schaden anzurichten. Die Detonationen verursachten eindrucksvolle Eruptionen riesiger Wassersäulen, die rings um das uns entgegenkommende U-Boot aufschossen. Das Fahrzeug bahnte sich jedoch stur seinen Weg hindurch, es war anscheinend unzerstörbar. Uns blieb nur noch eine Möglichkeit, ihm den Rest zu geben – ein Torpedo. Einer würde schon genügen, so oder so ähnlich dachten wir. Nachdem der Torpedo abgefeuert worden war, hielten wir den Atem an und warteten, und warteten. Keine Detonation – er mußte sein Ziel verfehlt haben. Dann ungläubiges Erstaunen, als auch der zweite Torpedo danebenging. Mit Nummer 3, 4, 5 und 6 passierte das gleiche. Jetzt ließen wir den Mut langsam sinken und begannen, uns mit einem Fehlschlag abzufinden. Aber Torpedo Nummer 7 (wir hatten nur noch einen einzigen übrig) jagte das Boot wie verrückt in die Luft, ein echter K.O.-Schlag nach einem Kampf, der mehrere Stunden gedauert hatte.
Wir nahmen etwa 200 Schiffbrüchige an Bord, darunter zwei Wrens und drei Krankenpflegerinnen (von 76), ein paar britische Seeleute und Soldaten, der Rest schwarze Armeeangehörige, die auf dem Weg nach Burma waren. Die Überlebenden erzählten uns herzzerreißende Geschichten. Ein Maat erklärte, daß er mit seiner Verlobten vom Marinehilfskorps an Deck

stand, als die KHEDIVE ISMAIL getroffen wurde. Sie besaß keine Schwimmweste, also gab er ihr seine eigene und stieß sie ins Wasser. Er konnte gerettet werden, aber von ihr fehlt jede Spur. Die armen schwarzen Soldaten waren verängstigt und verwirrt.«

Der vormalige Leading Seaman Ted Saunders erzählte dem Verfasser gegenüber folgendes:

»Später erfuhr ich, daß der Alte (Skipper Egan) während unserer Jagd auf das japanische U-Boot der Überzeugung war, es sei zur Untergangsstelle zurückgekehrt und befinde sich unterhalb der im Wasser treibenden Schiffbrüchigen. Kurze Zeit später erreichten wir eine jener Stellen, an denen Überlebende schwammen und warfen einen Wasserbombenteppich. Sie fielen inmitten der Menschen, die um ihr Leben kämpften. Es war schrecklich, das mit ansehen zu müssen, aber es war leider notwendig.

Ich habe den Verantwortlichen nie verziehen, daß wir nicht mit Panzersprenggranaten ausgerüstet worden waren. Der Torpedomeister war deshalb so aufgebracht, weil das übliche Schießverfahren mit einem Fächer aus vier Torpedos nicht angewandt wurde. Er stand auf dem eisernen Deck und schrie den Skipper oben auf der Brücke an. Das war etwas, was mit der Disziplin in der Navy nicht vereinbar war, es grenzte fast schon an Meuterei. Die Brücke ignorierte ihn einfach.«

Robert de Pass erinnert sich fünfundfünfzig Jahre später: »Ich war Torpedooffizier, und einige dachten, daß ich die ganze Sache vermasseln würde. Aber mit dem siebten meiner Torpedos kriegten wir das Boot. Keiner der Besatzung hat überlebt, allerdings haben wir ohnehin keine Zeit darauf verschwendet, um nach ihnen zu suchen. Wir mußten der PALADIN helfen.«

Einer der Überlebenden der KHEDIVE ISMAIL, der Erste Offizier John Duncan, erklärte vor dem Untersuchungsausschuß in Colombo: »Die Zerstörer PALADIN und PETARD ließen Boote zu Wasser und begannen, die Schiffbrüchigen zu bergen. Wir alle wurden auf die PALADIN gebracht. Ich konnte niemanden mehr im Wasser sehen. Die Kutter der Zerstörer suchten weiter, aber sie fanden keinen mehr.«

Der Zweite Offizier, Cecil Munday, sagte aus: »Ich paddelte inmitten von Wrackteilen herum und wurde an Bord eines Rettungsbootes gezogen, in dem sich bereits sechs Männer befanden. Wir trieben etwa eineinhalb Stunden, dann wurden wir von einem Boot der PALADIN aufgefischt.«

William Thomson, der Zweite Funkoffizier, erinnerte sich: »Es gelang mir dann, mühsam auf ein kleines Floß zu klettern. Hier und da waren die Schiffbrüchigen als kleine Punkte auszumachen. Die beiden Zerstörer warfen ihre Wasserbomben gefährlich nahe. Während die Wasserbombenangriffe weitergingen, hielten ein Kutter und eine Pinasse der PETARD Ausschau nach weiteren Überlebenden, ihre Besatzungen wurden von der Wucht der Unterwasserdetonationen durchgeschüttelt.«

Der Kapitän des Transportschiffes EKMA, Captain Denis Gun-Cuninghame, erklärte, daß sein Schiff durch Wrackteile der KHEDIVE ISMAIL hindurchfuhr, als er ein Ausweichmanöver einleitete. Seine Besatzung sei darüber entsetzt gewesen, Schiffbrüchige im Wasser zu sehen und nicht in der Lage zu sein, ihnen helfen zu können.

Der ehemalige Artillerieoffizier der PETARD, G.G. Connell, schildert in seinem Buch *Fighting Destroyer* das kaum nachvollziehbare Dilemma, in dem sich Commander Egan befand, als er versuchte, das U-Boot an der Versenkung weiterer Schiffe des Konvois zu hindern. Er schrieb:

> »Es hätte der fast verzweifelten Rufe der Ausgucks und Geschützbedienungen gar nicht bedurft, um zu begreifen, daß die Wasserbomben inmitten der Schiffbrüchigen geworfen wurden und daß der Kommandant diesen Umstand seiner ihn quälenden Entscheidung, anzugreifen und das U-Boot daran zu hindern, unter der größten Ansammlung von um ihr Leben kämpfenden Menschen Schutz zu suchen, mit einbezogen hatte.
> Die Besatzung an Oberdeck verharrte in geduckter Haltung auf ihren Gefechtsstationen, angewidert und benommen ... der Teppich aus acht Wasserbomben schien mit einer größeren Wucht als sonst zu detonieren. Die Unterwasserexplosionen trafen den Rumpf der PETARD mit gewaltigen Schlägen, sie haben das Entsetzen jener, die in der ölverklebten See noch immer um ihr Leben kämpften, wohl noch verschlimmert ...
> Die PETARD setzte zum dritten Anlauf an und fuhr durch die Ansammlung von Körpern hindurch, schwarze und weiße, alles junge Frauen und Männer, alle rettungslos verloren; die Wasserbomben fielen mitten unter die mit den Wrackteilen ihres Schiffes dahintreibenden Leichen.«

Als die Überlebenden auf die PETARD umstiegen, fügte Connell seinen Aufzeichnungen hinzu, konnten die fünf Frauen unter ihnen es nicht ertragen, von der Mannschaft der PALADIN getrennt zu werden, »die ihr Leben dabei riskiert hatte, inmitten des lärmenden Getöses detonierender Wasserbomben über Bord zu springen, um sie zu retten. Die jungen Frauen waren mehr tot als lebendig aus der See gezogen worden, und wie viele der Überlebenden nahmen sie eine feindselige und ängstliche Haltung ein, als sie sich auf der PETARD befanden. Dies trug dazu bei, das schlimme Gefühl des Versagens und der Verzweiflung unter den Besatzungsmitgliedern noch zu verstärken.«

Nach offiziellen Angaben starben 1297 Menschen, darunter 72 Frauen; während des Krieges gab es nur zwei weitere Fälle, bei denen der Untergang eines einzelnen Schiffes noch mehr Menschenleben gefordert hat; die Zerstörer konnten lediglich 260 Schiffbrüchige retten. Im Verlauf ihrer langen Dienstzeit hat die PETARD eine große Zahl an Handelsschiffen eskortiert, entweder allein oder im Konvoi. Die KHEDIVE ISMAIL war der einzige der ihr anvertrauten Schützlinge, der durch den Angriff eines gegnerischen U-Boots verlorenging.

Bei dem U-Boot handelte es sich um I-27, 108 Meter lang (drei Meter länger als die PETARD) mit einer Wasserverdrängung von 2198 tons (im Vergleich zu den 1540 der PETARD). Es hatte einen Fahrbereich von 14000 Seemeilen, somit konnte es von den malaiischen Inseln aus ohne Brennstoffergänzung die französische Küste erreichen. I-27 hatte bereits 15 größere Schiffe versenkt und zwei weitere beschädigt. Andere U-Boote dieses Typs konnten Flugboote zu Aufklärungszwecken mitführen.

Die Ergebnisse des eine Woche später in Colombo einberufenen Untersuchungsausschusses stellten die Entscheidung des Konvoi-Commodore in den Blickpunkt des Interesses, die Ankunft des Geleits dadurch zu beschleunigen, daß er einen geraden Kurs ohne Zick-Zack-Bewegungen gewählt hatte – fährt ein Geleitzug Ausweichmanöver, ist das Ziel für ein U-Boot viel schwerer zu treffen. Der Untersuchungsausschuß war zudem der Ansicht, daß Captain Josselyn, der Kommandant von H.M.S. HAWKINS, die Situation falsch eingeschätzt habe, indem er keine Zick-Zack-Kurse steuern ließ. Auch wurde festgehalten, daß der Angriff der PETARD mit Torpedoeinzelschüssen nicht richtig gewesen sei. Die Wasserbombenabwürfe in der Nähe der Schiffbrüchigen wurden nicht erwähnt.

Vom Verfasser auf die Vorwürfe hin befragt, ob Wasserbomben abgeworfen worden seien, ohne auf die Schiffbrüchigen Rücksicht zu nehmen, die im Wasser auf ihre Rettung hofften, erklärte der ehemalige Erste Offizier Robert de Pass – erst nachdem er eine Weile innehielt –: »Ich glaube nicht, daß Wasserbomben dort abgeworfen wurden, wo sich möglicherweise Schiffbrüchige im Wasser befanden. Wenn dies tatsächlich der Fall gewesen wäre, hätte es sich tief in mein Gedächtnis eingegraben, ich hätte das niemals vergessen können.«

Die nächsten Geleitzugoperationen verliefen ohne besondere Zwischenfälle. Dann nahm die PETARD an der ersten größeren Offensive gegen die japanische Seeherrschaft in südostasiatischen Gewässern teil. Sie stieß zur Force 69, einem Verband aus drei Schlachtschiffen und vier Kreuzern mit starker Zerstörersicherung, der unter dem Kommando des Oberbefehlshabers, Admiral Sir James Somerville, stand. Force 7, eine weitere Kriegsschiffsgruppe, umfaßte drei Schlachtkreuzer, zwei Flugzeugträger sowie einen Kreuzer und Geleitzerstörer. Den Japanern war es nicht gelungen, die im Anmarsch befindliche Flotte zu entdecken. Am 19. April flogen Trägerflugzeuge die ersten Angriffe. Reg Crang schrieb in sein Tagebuch: »Die japanische Marine blieb im Hafen und lediglich drei Flugzeuge wagten sich heraus. Sie wurden von unseren Jägern abgeschossen. Sämtliche Schiffe feuerten Salven in das Hafengebiet, die Docks und auf ein in der Nähe liegendes Flugfeld. Die dicken Brummer der Schlachtschiffkolosse heulten über die Zerstörer hinweg, als wir mit unseren Miniaturkanonen näher herangingen. Im Vergleich zu den »Dicken Berthas« mit ihren 38,1- und 40,6-cm-Kalibern sahen unsere Geschütze wie Spielzeugpistolen aus. Gleichzeitig belegten Trägerflugzeuge Öltanks und andere militärischen Einrichtungen mit Bomben und bestrichen sie mit Bordwaffen. Riesige Feuer brachen aus.«

Ende Juli erhielt die PETARD Befehl, einen Konvoi von den Seychellen nach Aden zu eskortieren und dann nach England zurückzukehren. Auf der Fahrt durch das Mittelmeer mußte sie noch einen kurzen Umweg machen. Sie kam einem Handelsschiff zur Hilfe, das nördlich Bengasi von einem einzelnen Flugzeug torpediert worden war. Das Opfer war ein Liberty-Schiff mit einer Decksladung Lastkraftwagen, die See plätscherte schon um die Räder der Fahrzeuge. Die PETARD nahm die 26köpfige Besatzung, die bereits in die Rettungsboote gegangen war, an Bord, unternahm einen Versuch das Schiff zu schleppen, mußte die Bergung jedoch aufgeben, da das Ruder sich verklemmt hatte. Die Besatzung stieg auf eintreffende Schlepper um, und die PETARD fuhr nach Malta weiter. Dort bleib sie jedoch nur für zwei Stunden, um Brennstoff zu ergänzen und frischen Proviant an Bord zu nehmen. Zur Kraftstoffergänzung legte sie noch einen kurzen Zwischenstopp in Gibraltar ein.

Mit neunundvierzig Pflastern auf ihren Wunden kehrte die PETARD am 16. August 1944 nach Portsmouth zurück. Zu jener Handvoll erfahrener Besatzungsmitglieder der alten Crew, die nach einem Erholungsurlaub wieder an Bord zurückkehrten, um die Reparatur und den Ersatz von speziellen Ausrüstungsgegenständen zu überwachen, gehörte auch der Maat Reg Crang.

ACHTES KAPITEL

Wieder im Dienst

Die PETARD sah sehr mitgenommen aus. Im Trockendock wurde sie buchstäblich ausgeweidet, eine neue Beplattung ersetzte die neunundvierzig Flicken. Sie erhielt neue 10,2-cm-Doppeltürme auf den Positionen B und X, diese gewährleisteten ein verstärktes Flakfeuer gegen japanische Selbstmordflieger. Ein neuer Gittermast trug eine verbesserte Radarausrüstung. Im Januar 1945 waren die Arbeiten noch im Gange, als die neue Besatzung an Nelsons Flaggschiff, der VICTORY, vorbei zum Liegeplatz der PETARD marschierte.

Zu dieser Zeit setzte die deutsche Seite ihre verbesserten U-Boote ein, die mit Schnorcheln und zielsuchenden Torpedos ausgerüstet waren. Eine letzte Offensive gegen die Schiffahrt in den britischen Küstengewässern hatte begonnen.

An einem schönen, sonnigen Tag, ihr neuer Kommandantenwimpel flatterte im Wind, fuhr die PETARD entlang der englischen Südküste; sie war auf dem Weg zur Marinebasis in Scapa Flow. In der Irischen See kam Sturm auf. Die Besatzung befand sich wiederholt auf Gefechtsstationen, da das Asdic-Gerät insgesamt dreizehn Mal das Echo eines U-Boots angezeigt hatte. Auf dem letzten Abschnitt nach Scapa Flow besserte sich das Wetter. Der Asdic-Raum meldete ein starkes Echo, und die PETARD kreuzte drei Stunden lang an derselben Stelle. Wasserbomben wurden geworfen, aber Wrackteile waren keine auszumachen – sein Schnorchel muß dem U-Boot wohl das Entkommen mit hoher Fahrt ermöglicht haben. Nach der Ankunft in Scapa Flow erhielt die PETARD Befehl, zu einem Nordmeer-Geleitzug zu stoßen, der sich auf dem Rückmarsch befand. Kurz nach dem Auslaufen meldete der Maschinenraum eine Schraubenhavarie, offenbar ein Ergebnis der letzten Wasserbombenverfolgung. Sie lief North Shields am Tyne an und ging ins Trockendock. Dort lag sie, als der Krieg in Europa endete. Dann erhielt die PETARD Order, Trincomalee auf Ceylon anzulaufen, den Stützpunkt der Ostindischen Flotte. Zuvor jedoch ging sie in Gourock in die Werft, um Restarbeiten durchführen zu lassen. Auf ihrer Fahrt den Clyde abwärts, passierte sie im Päckchen liegende U-Boote, die den Befehl zur Übergabe befolgt hatten. Manch einer der Besatzung mag sich wohl gefragt haben, ob auch jenes Boot dabei war, das sie noch ein paar Wochen zuvor so hartnäckig verfolgt hatten. Die Männer an Deck der U-Boote starrten den Zerstörer neugierig an. Die PETARD war einst ihr Todfeind gewesen. Angesichts der Niederlage müssen sie wohl Verzweiflung verspürt haben. Allerdings war für sie der Krieg vorbei. Für die Besatzung der PETARD schien er gerade erst zu beginnen.

Bevor sie den Suez-Kanal passierte, ging die PETARD in Alexandria nochmal ins Trockendock. Beim Einlaufen in den Indischen Ozean ordnete der Kommandant über die Bordsprechanlage volle Kriegsbereitschaft an; möglicherweise befanden sich japanische U-Boote in der Nähe.

Der ausgedehnte Naturhafen von Trincomalee quoll fast über vor Schiffen, die, soweit das Auge reichte, in Reih und Glied vor Anker lagen. Es schien, als ob die PETARD noch rechtzeitig für eine größere Sache eingetroffen war.

Die Nachrichtensendungen der BBC stellten die einzige Informationsquelle dar, und in den amtlichen Berichten schienen die Beratungen über eine europäische Nachkriegsordnung das alles beherrschende Thema zu sein. Über den weiterhin andauernden Krieg der Alliierten gegen Japan waren nur sehr dürftige Informationen zu erhalten. Dann jedoch trafen wichtige Neuigkeiten ein. In ihrer Potsdamer Deklaration wiesen die Regierungen der Vereinigten Staaten und Großbritanniens Japan ein letztes Mal darauf hin, die sofortige bedingungslose Kapitulation anzunehmen. Im Falle der Ablehnung drohten sie mit der totalen Vernichtung. Es war allerdings äußerst unwahrscheinlich, daß die japanische Seite darauf eingehen würde. Der Krieg schien kein Ende zu nehmen.

In der Britischen 14. Armee war man angesichts der langen Dschungelkämpfe weitab von der Heimat zu der Überzeugung gelangt, einer vergessenen Armee anzugehören. Ihr glänzender Sieg in Burma wurde durch den Zusammenbruch Deutschlands in Europa und aufsehenerregende Enthüllungen überschattet, welche die Zeitungs- und Rundfunkberichterstattung beherrschten. Nur sehr wenigen, gerade auch in England, war bewußt, daß britische und indische Streitkräfte in Burma gegen einen zählenmäßig stärkeren Gegner kämpfen mußten als die Amerikaner während des Inselspringens im Pazifik. Der 14. Armee war es zunächst gelungen, den japanischen Vormarsch auf die indische Grenze aufzuhalten, dann brachte sie der Kaiserlichen Armee die schlimmste Niederlage ihrer Geschichte bei. Das nächste Ziel bestand darin, Vergeltung für die schändliche Übergabe von Singapur zu üben und den Feind aus der Seefestung zu vertreiben.

Das Gros jener britischen Kriegsschiffe, die aufgrund der akuten Bedrohung durch das Schlachtschiff TIRPITZ im Nordatlantik gebunden gewesen waren, wurden nun im Kampf gegen Japan eingesetzt. Die meisten wurden der britischen Pazifikflotte zugeteilt, die unter dem Oberbefehl des amerikanischen Admirals Chester Nimitz stand und einen imponierenden Eindruck machte. Die amerikanischen Streitkräfte waren nach ihrem Inselspringen im Pazifik bis nach Okinawa vorgestoßen; ihre Flotte allerdings sowie die mächtige britische Streitmacht im Pazifik hatten gerade erst mit ihren Operationen gegen die japanischen Hauptinseln begonnen.

Die PETARD war mit einem Geheimauftrag unterwegs; die versiegelte Order durfte erst nach dem Auslaufen geöffnet werden. Wegen des ungewöhnlich starken Nachrichtenverkehrs brütete das Funkpersonal stundenlang über den Signalbüchern. In der schwülen Augusthitze nahm die PETARD Kurs auf einen Treffpunkt mit der Ostindischen Flotte. Gerüchte machten die Runde, daß eine größere Landeoperation geplant war, die irgendwo in feindlichem Gebiet stattfinden sollte. Der Zerstörer übernahm die Aufgabe des Führungsschiffs während der Operation »Zipper«, die der Rückeroberung Singapurs galt. Eine gewaltige Armada hatte tausende von Seemeilen zurückgelegt, um 200 000 Soldaten sowie Nachschubgüter an Strandabschnitten in der Nähe von Port Swettenham an der malaiischen Küste anzulanden. Reiseführer über Malaya sowie ein Glossar mit nützlichen Redewendungen in malaiischer Sprache wurden ausgegeben. In einer Fußnote stand folgender Warnhinweis: »Diese Beschreibung Malayas ist aus der Erinnerung verfaßt, die in einer riesigen Rauchwolke über dem brennenden Singapur aufgegangen ist. Britische Soldaten und Zivilisten wurden wie Vieh zusammengetrieben und sahen dem Terror der japanischen Barbaren ins Gesicht. Die japanische Okkupation hat in der Stadt ihre häßliche Fratze hinterlassen und manches, was auf diesen Seiten beschrieben wird, dürfte heute wohl der Vergangenheit angehören.«

Als die PETARD die Nicobaren passierte, meldeten die BBC-Nachrichten, daß eine neue Art von Vernichtungswaffe über der japanischen Stadt Hiroshima abgeworfen worden sei. Es folgte ein Kommentar, der die Bombe (ein Nebenprodukt, so schien es, der geglückten Kernspaltung) als Waffe von beispielloser Zerstörungskraft vorstellen sollte. Drei Tage später kam die Nachricht vom zweiten Atombombenabwurf auf Nagasaki und vom russischen Kriegseintritt, dem schwere Angriffe gegen die Japaner in der Mandschurei folgten. Allerdings hatte es den Anschein, als ob das Kaiserreich die Potsdamer Deklaration weiterhin ignorieren wollte; die darin ausgesprochene Drohung mit der völligen Vernichtung schien unvermeidlich.

Die PETARD erhielt Befehl, nach Trincomalee zurückzukehren, als die BBC eine Meldung ausstrahlte, die man kaum glauben mochte – Japan war bereit, die Kapitulation anzunehmen. Die Besatzung brach in lauten Jubel aus. Die im Hafen liegenden Schiffe veranstalteten ein Feuerwerk mit Signalmunition, während die PETARD vor Anker ging.

Was die Bordroutine auf der PETARD anbetraf, schien die Nachricht vom Kriegsende allerdings eher ein Gerücht darzustellen. Am nächsten Tag befand sie sich bereits wieder auf See. Die Besatzung beachtete die Verdunkelungsvorschriften bei Nacht, hielt wachsam Ausschau nach U-Booten, Radar und Asdic tasteten die nähere Umgebung ab, Ausgucks beobachteten den Luftraum. Der Funkverkehr nahm ständig zu und wurde weiterhin verschlüsselt abgewickelt. Erst am 17. August wurde der Krieg offiziell für beendet erklärt. Der Allgemeine Befehl der Admiralität Nr. 243 A erreichte das Schiff in Klartext, und der Verfasser kann sich noch gut daran erinnern, wie er vor Erregung zitterte, als er das Gekritzel des Funkers in eine Spruchkladde übertrug, um die Mitteilung auf die Brücke zu bringen. Der Befehl hatte folgenden Wortlaut:

»1. Die Regierung Seiner Majestät gibt bekannt, daß Japan kapituliert hat.

2. Sämtliche militärischen Operationen sind folglich ab sofort einzustellen.

3. Es wird unter Umständen noch einige Zeit verstreichen, bis die förmliche Kapitulationserklärung unterzeichnet und bis sichergestellt ist, daß die japanischen Streitkräfte die Instruktionen ihres Oberkommandos erhalten haben und bereit sind, diese auch umzusetzen. Demzufolge muß mit feindseligen Handlungen von Überwasserstreitkräften, U-Booten und Flugzeugen weiterhin gerechnet werden.«

Die japanischen Truppenverbände in Südostasien zeigten keinerlei Neigung, die Befehle ihres kaiserlichen Herrn zur Übergabe zu befolgen. So hielt General Seichiro Itakagi, der die Truppen in Malaya, Sumatra und Java befehligte, sämtliche Nachrichten über die Entscheidung des Tenno zur Annahme der Potsdamer Deklaration für vier Tage zurück. Als die Meldungen am 20. August in Singapur freigegeben wurden, waren die Stabsoffiziere der 7. Armee, die sich irgendwo in Malaya auf die Abwehr der erwarteten alliierten Landeoperation vorbereiteten, von Zorn und Wut erfüllt. Sie drohten damit, sich den kaiserlichen Befehlen zu widersetzen und wollten weiterkämpfen. General Itagaki höchstpersönlich gab bekannt, daß auf jedes Schiff geschossen werde, welches den Versuch unternehme, Truppen anzulanden. Entsprechende Befehle gingen an die Küstenbatterien. Radio Singapur erklärte, daß die japanische Armee weiterhin die Befehlsgewalt ausübe und drohte mit Angriffen auf die britische Flotte im Seegebiet vor den Nicobaren.

Admiral Mountbatten, der Oberbefehlshaber in Südostasien, entschied, die Operation »Zipper« wie geplant durchzuführen, da die Vorbereitungen zu weit fortgeschritten seien. Das Landeunternehmen sollte am 9. September beginnen. Allerdings wurden die vorbereitenden Küstenbeschießungen durch Schlachtschiffe und Kreuzer sowie Luftangriffe durch Trägerflugzeuge abgesagt. Sie hätten japanische Stützpunkte ausschalten sollen, welche den Marsch des alliierten Invasionsgeleits durch die engen Gewässer der Straße von Malakka, der nördlichen Zufahrt nach Singapur zwischen Malaya und Sumatra, bedrohten.

Der Oberbefehlshaber der alliierten Streitkräfte im Südwestpazifik, General Douglas MacArthur, dem die Leitung zur Durchführung der japanischen Kapitulation übertragen worden war, ordnete hingegen an, daß keine Landeoperationen gegen japanisch besetzte Gebiete durchgeführt werden dürften, solange nicht ein Abgesandter des Kaisers die Gesamtkapitulation der japanischen Streitkräfte unterzeichnet habe. Er rechnete damit, daß die japanischen Truppen in entlegenen Stützpunkten weiterkämpfen würden, solange ihnen nicht deutlich vor Augen geführt worden sei, daß ihr Kaiser sich ergeben habe. In Singapur war genau dieser Fall eingetreten.

Da die Vorbereitungen zur feierlichen Unterzeichnung der Kapitulationserklärung Zeit benötigten (sie wurde schließlich am 2. September in der Bucht von Tokio vollzogen), bedeutete dies für die britischen Schiffe, daß sie weitab von ihren Stützpunkten auf Ceylon und in Indien untätig in See stehen mußten. Um Brennstoff zu sparen, ging die PETARD für mehrere Tage in der Bucht von Trinkat Champong, vor der japanisch besetzten Großen Nicobaren Insel vor Anker. Am Tage war die Brandung die einzige erkennbare Bewegung an den unberührten Stränden, Rauch stieg aus dem dichtbewachsenen grünen Dschungel auf. Während der Nacht war das Rauchen an Deck verboten. Wachposten wurden aufgestellt, um ungebetenem Besuch der Eingeborenen vorzubeugen, von denen es hieß, sie seien sehr geübt im Schießen von Giftpfeilen und begeisterte Kopfgeldjäger. Vom Minensucher bis zum Zerstörer waren nahezu sämtliche Schiffstypen in der Bucht versammelt; die TARTAR und die VOLAGE etwa gehörten zur 10. Zerstörer-Flottille. Andere Zerstörer wiederum schirmten die wichtigsten Einheiten von See her ab und mußten später Trincomalee zur Brennstoffergänzung anlaufen.

Sämtliche Besatzungen waren in Alarmbereitschaft. Gerade eine Woche war seit dem Sieg über Japan vergangen, die Crew der PETARD hatte soeben ihr Mittagessen beendet – eine Komposition aus Büchsenfleisch, »Kalter Hund« genannt, und Kartoffelbrei aus Pulver – als zum zweiten Mal an diesem Tag »Gelb«-Alarm gegeben wurde, eine Warnmeldung bei Luftangriffen. Die Besatzung ging auf ihre Gefechtsstationen. Die Pom-Poms, die Oerlikon-Maschinengewehre sowie die 10,2-cm-Geschütze der PETARD wiesen voller Erwartung in den Himmel und waren zum Empfang jener Besucher bereit, die möglicherweise als »Kamikaze«-Flieger von einem nur 300 Kilometer entfernten Flugplatz gestartet waren. Die Geduldsprobe dauerte zwanzig Minuten, dann kam die Meldung »Luftangriff beendet«. Der Alarm war von einem einzigen japanischen Aufklärungsflugzeug verursacht worden, das sich rasch aus dem Staub gemacht hatte, als Jäger von einem unserer in der Nähe stehenden Flugzeugträger aufgestiegen waren.

Nachdem der neue japanische Oberbefehlshaber in Südostasien, Feldmarschall Graf Juichi Terauchi, seinen Stabschef, General Takazo Numata, aus seinem Hauptquartier in Saigon nach Rangun entsandt hatte, um vorbereitende Abmachungen für eine formale Übergabe zu treffen, kamen neue Befehle. Während seiner Rückkehr nach Saigon erteilte General Numata im Rundfunk Anweisungen, daß Angriffe von Selbstmordfliegern und Überwasserstreitkräften auf britische Schiffe ab sofort zu unterbleiben hätten.

Die PETARD fuhr Begleitschutz für ein Schiff, das Marineinfanteristen zu einem holländischen Flottenstützpunkt auf Sabang im Norden Sumatras brachte; dort konnte sich der Verfasser zum ersten Mal seit etwa drei Wochen an Land die Beine vertreten. Die Japaner hatten den Stützpunkt offenbar überstürzt verlassen. Besatzungsmitglieder der PETARD fanden in Aschehaufen verkohlte Dokumente und Bündel von Flugblättern, die in indonesischer Sprache gedruckt waren und anscheinend die Unabhängigkeitsbewegung unterstützen sollten. Andere Mitbringsel bestanden aus Obstetiketten, die als Schreibblock für Geheimnachrichten dienen sollten, Rangabzeichen, einer Streichholzschachtel mit einem Bildchen darauf, das ein japanisches Flugzeug im Sturzangriff auf den Union Jack zeigte, einen Stahlhelm, der achtlos herumlag, und inmitten eines Aschehaufens ein angesengtes japanisches Bajonett.

Wenige Stunden später fuhr die PETARD in die Straße von Malakka ein und ging vor Georgetown, der Hauptstadt von Penang, vor Anker; einige Marineinfanteristen waren bereits zuvor angelandet worden. Der japanische Befehlshaber, Konteradmiral Uzumi, hatte die Kapitulation der Insel an Bord des Kreuzers CLEOPATRA unterzeichnet, er trug sein Distinguished Service Cross und die Victory Medal, Auszeichnungen, die er als Verbündeter der Alliierten im Ersten Weltkrieg erhalten hatte.

Bei Tagesanbruch fuhr die PETARD als Spitzenschiff vor der CLEOPATRA und dem Kreuzer BENGAL der Königlich Indischen Marine durch eine enge, von

Minen geräumte Fahrrinne, die von drei indischen Minensuchflottillen markiert worden war. Die Minensucher führten den Verband an. Auf den Decks der PETARD und im Krähennest waren überall Beobachter postiert. Sie dienten als eine Art Feuerleitung für die Pom-Poms, die Oerlikons sowie Gewehrschützen, die von den Minensuchern aus ihrer Verankerung gelöste und nun aufschwimmende Minen zur Detonation bringen sollten. Einige Minen gingen tatsächlich mit riesigen Wasserfontänen hoch, andere sanken wahrscheinlich auf Grund. Die Durchfahrt zehrte an den Nerven. Sämtliche Luken und Schotten waren geschlossen, die Beiboote, zwei Kutter und eine Motorpinass, waren in ihren Davits hängend ausgeschwungen worden für den Fall, daß den Beobachtern eine Mine entgangen war. Die gesamte Besatzung, außer dem Maschinenraum- und Funkpersonal, war an Deck befohlen worden und trug Rettungswesten. Am späten Nachmittag preschte die PETARD ungeachtet der drohenden Gefahr mit Höchstfahrt vor und überholte die Minensucher. Sie hatte Befehl erhalten, ein verdächtiges Schiff zu untersuchen. Einer der Ausgucks hatte voraus eine kleine Rauchwolke gemeldet, ein etwas merkwürdig aussehendes Fahrzeug kam in Sicht. Die Besatzung befand sich auf Gefechtsstationen, als die PETARD mit hoher Fahrt auf den japanischen Zerstörer KAMIKAZE zuhielt.

Als sich die PETARD dem Fahrzeug näherte, war zu erkennen, daß es das White Ensign, die britische Kriegsflagge, gehißt hatte, darunter wehte eine kleinere japanische Kriegsflagge mit dem Symbol der aufgehenden Sonne – es war das Zeichen zur Übergabe. Wir drehten etwa 20 Meter querab des Gegners bei. An Deck waren stämmige Burschen in grünen Uniformen zu erkennen, eine einzelne Gestalt hob sich durch eine untadelige weiße Uniform hervor, sie trug eine Kuriertasche aus Leder. Unter der Crew der PETARD kam haßerfülltes Murren auf, als sie die Reling bevölkerte und zum Feind hinüberstarrte. Ein paar deutliche Worte des Kommandanten auf der Brücke brachten sie zum Schweigen. Dann entstand für einen kurzen Moment Panik unter der japanischen Besatzung, als ein Knall zu hören war. Allerdings war lediglich eine Verbindungsleine quer über den Bug der KAMIKAZE geschossen worden.

Auf der Brücke der KAMIKAZE stand eine weitere Person in blütenweißer Uniform, sie hielt ein Megaphon in der Hand und sprach in fehlerfreiem Englisch. Der Offizier erklärte, daß er Karten und zwei Umschläge übergeben wolle. Einer der Umschläge enthielt eine Empfangsbestätigung, die unterzeichnet zurückgegeben werden sollte. Das Ersuchen des Feindes wurde nicht beachtet, und sobald die Kuriertasche übernommen war, lief die PETARD zurück, um sie dem Admiral an Bord der CLEOPATRA zu übergeben. (Ein Foto, das der Verfasser von diesem Ereignis geschossen hat, wurde anschließend in der Wochenschrift *War Illustrated* sowie in seinem Buch über den Krieg gegen Japan, *Miracle of Deliverance*, veröffentlicht.) Danach nahm die PETARD erneut ihre Position hinter den Minensuchern ein und erreichte am nächsten Tag die Reede von Singapur.

Der japanische Befehlshaber von Singapur, der damit gedroht hatte weiterzukämpfen, war von seinen Vorgesetzten in Saigon endlich zur Vernunft gebracht worden. Ein paar Tage später kam er an Bord der CLEOPATRA, um seine Unterschrift unter die Kapitulationserklärung der 77 000 Mann zählenden Garnison zu leisten. Die PETARD lag für mehrere Stunden in Sichtweite der CLEOPATRA, dann fuhr sie in der von Minen geräumten Fahrrinne zurück zum nördlichen Ende der Straße von Malakka. Dort diente sie während der nächsten fünf Tage und Nächte als schwimmende Signalboje, indem sie Konvois bei der Durchfahrt überwachte. Um die leeren Speisekammern wieder aufzufüllen, wurden bei vorbeifahrenden größeren Schiffen Lebensmittel erbettelt.

Zur Freude der Besatzung konnte die PETARD am 8. September – am Vorabend der großen Landeoperation gegen Singapur – endlich die Anker lichten und auf Südkurs gehen. Diesmal fungierte sie als Führungsschiff einer riesigen Invasionsflotte, die sich aus Einheiten zusammensetzte, welche nach längerer Seereise aus verschiedenen Häfen eingetroffen waren, um den noch immer gefährlichen, letzten Teil der Passage zu den Landeköpfen anzutreten. In der noch jungen tropischen Nacht zum 9. September verließ die PETARD den weiten Golf von Penang und fuhr in den engen Seeweg der Straße von Malakka ein. Die brütenden Flecken an den weiterhin vom Feind besetzten Küsten – Malaya an Steuerbord, Sumatra an Backbord –, wo noch immer Selbstmordflieger und Schnellboote lauerten, wurden ausgelassen. Sie hätten, außer vielleicht einer Atombombe, einen hohen Preis für unser Eindringen in Gewässer gefordert, die zum letzten Mal vor drei Jahren von einem britischen Kriegsschiff über Wasser befahren worden waren.

Während der Nacht dienten die Scheinwerfer dazu, die Markierungen der geräumten Fahrrinne entlang der malaiischen Küste bis hinunter nach Singapur zu verfolgen. Hinter uns erstreckte sich eine fast unendliche Kette von Lichtern der nachfolgenden Schiffe. Es war einerseits ein bemerkenswerter Anblick, andererseits war es auch ein Wunder, daß es überhaupt dazu kam, denn seit der vergangenen Nacht waren Befehle zum Verdunkeln der Schiffe in Kraft. Die Armada erstreckte sich über eine Länge von 40 Seemeilen, vier schnelle und drei langsame Konvois waren zusammengefaßt worden. Sie hatten während schwerer Monsunstürme Häfen in Indien und Ceylon verlassen. Einige der Landungsboote (LST) waren wochenlang über den indischen Ozean getuckert. An Bord der älteren LST, manche von ihnen Veteranen der Landungen in Nordafrika, Italien und Frankreich, mußte das technische Personal die überstrapazierten Maschinen am Laufen halten. Die See in der Straße von Malakka war zum Glück spiegelglatt.

Es war noch dunkel, als die PETARD auf ihrer Position am südlichen Ende der Landeköpfe vor Anker ging und Vorbereitungen für die Küstenbeschießung traf. Die Besatzung ging auf ihre Gefechtsstationen. Die Kreuzer NIGERIA und CEYLON, die Zerstörer PALADIN, TARTAR und NUBIAN sowie die indischen Sloops CAUVERY und NARBADA hatten ihre Geschütze ebenfalls auf vermutete japanische Stellungen gerichtet. Das Schlachtschiff NELSON und die französische RICHELIEU blieben in Reserve; ihre mächtigen Geschütztürme waren feuerbereit, um auf das geringste Anzeichen von Widerstand hin die entsprechende Antwort zu erteilen.

In der Morgendämmerung setzten sich die Landungsboote in Richtung der Strandabschnitte in Bewegung. Flugzeuge, die von unseren Trägern gestartet waren, bildeten die Luftsicherung, als die Boote ihre Landeköpfe erreichten. Stunden vergingen, ehe die Geschützmannschaften von ihren Gefechtsstationen wegtreten konnten. Die Spannung ließ merklich nach, da sie wußten, daß nun kein Widerstand mehr zu erwarten war. Den ganzen schwül-heißen Tag über lag die PETARD vor der Küste, ihrer Besatzung war glücklicherweise nicht bewußt, daß die Landungstruppen einiges hatten durchmachen müssen, bis sie an die Strände gelangt waren. Manche der Vorausabteilungen mußten die ganze Nacht über an ihren Strandabschnitten ausharren. Erst später wurde näheres über die fast chaotische Lage an den Landeköpfen bekannt, die vor allem durch Treibsand verursacht worden war. Hätten die Japaner Widerstand geleistet, wäre die große Invasion in einem Blutbad mit ähnlichen Ausmaßen wie das Gallipoli-Unternehmen geendet.

Am Nachmittag erhielt die PETARD neue Befehle. Sie tastete sich durch die Ansammlung der vor den Stränden ankernden Schiffe und führte die Schlachtschiffe NELSON und RICHELIEU auf dem letzten Abschnitt der geräumten Fahrrinne durch die Straße von Malakka nach Singapur. Diesmal ging sie näher unter Land, unweit der Hafenmole vor Anker. An den Landungsbrücken hatten Lazarettschiffe festgemacht. Sie gehörten zur Flotte, die für die Operation »Zipper« bereitgestellt worden war, da während des Landeunternehmens mit Ausfällen gerechnet werden mußte. Krankenträger brachten die ersten aus japanischer Gefangenschaft befreiten Briten an Bord.

An Land gingen die Vorbereitungen zur formellen Übergabe der 680 879 Mann gegnerischer Truppen in Südostasien weiter. Später kam die Meldung, daß Mountbatten sich zu der Erklärung habe hinreißen lassen, die Japaner hätten vor einer überlegenen Streitmacht kapituliert, die sich zuvor bereits in Port Swettenham festgesetzt habe. Er fügte dem hinzu: »Als ich gestern die Strandabschnitte inspizieren konnte, gingen unsere Soldaten in einem endlosen Strom an Land. Während ich hier zu ihnen spreche, befinden sich mehr als 100 000 Mann in Singapur und Umgebung. Die Invasion hätte am 9. September stattgefunden, ob die Japaner nun Widerstand geleistet hätten oder nicht. Ich möchte folgendes klarstellen – die heutige Übergabe ist keine Kapitulation, die auf dem Verhandlungswege herbeigeführt wurde, die Japaner ergaben sich einer überlegenen Streitmacht, die sich hier konzentriert hat.«

Die Besatzung der PETARD hatte diese im höchsten Grade dubios anmutende Prahlerei gar nicht mitbekommen oder an den Feierlichkeiten teilgenommen. Das Schiff hatte Befehl erhalten, Hongkong anzulaufen. Allerdings hofften wir, daß zumindest eine Wache – die des Verfassers – sich vor dem Auslaufen noch kurz an Land die Beine vertreten konnte. Am Nachmittag erreichte uns jedoch die enttäuschende Mitteilung, daß die Order, nach Hongkong zu gehen, widerrufen worden war. Statt dessen sollte die PETARD so schnell wie möglich zu einem Treffpunkt in der Timor See laufen. Mit 36 Knoten Höchstgeschwindigkeit nahm sie Kurs Süd. Am nächsten Tag wurde der Äquator überquert – ohne traditionelle Linientaufe – dann schloß sich die PETARD vor Tanjung Priok, dem Hafen von Batavia (dem heutigen Jakarta), Hauptstadt von Niederländisch Ostindien (Indonesien), dem Kreuzer CUMBERLAND an. Die indonesische Unabhängigkeitsbewegung, von den Japanern mit Waffen versorgt, drohte damit, gegen die Landung alliierter Truppen Widerstand zu leisten.

Der holländische Chef der zivilen Verwaltung, der sich auf der CUMBERLAND befand und die Amtsgeschäfte des Gouverneurs und Statthalters in Niederländisch Ostindien aufnehmen wollte, mußte aus Sicherheitsgründen an Bord des Kreuzers bleiben. Der dienstgradhöchste der freigelassenen britischen Gefangenen, Colonel Laurens van der Post, fungierte als Verbindungsoffizier zu seinen ehemaligen Aufsehern. Auf Anraten van der Posts erteilte Mountbatten dem japanischen Befehlshaber, dessen Truppen weiterhin holländische Zivilgefangene in ihrer Gewalt hatten, die Anweisung, Soldaten nach Batavia zu entsenden, um die öffentliche Ordnung bis zum Eintreffen britischer Truppen aufrechtzuerhalten. Unterdessen gingen die Verhandlungen mit dem Führer der indonesischen Unabhängigkeitsbewegung, Dr. Sukarno, der zwei Tage nach der Annahme der Kapitulationserklärung durch den Tenno die Republik Indonesien ausgerufen hatte, weiter.

Als die PETARD den Schauplatz erreichte, hatte Mountbatten die Entscheidung getroffen, sich auf keinen Fall in Gefechte mit der indonesischen Unabhängigkeitsbewegung verwickeln zu lassen. Nach einem kurzen Zwischenaufenthalt auf Celebes und im Süden Borneos kehrte das Schiff nach Trincomalee zurück. Die nächsten drei Wochen verbrachte die PETARD damit, ein Schwimmdock mit etwa sechs Knoten Fahrt zu seinem neuen Bestimmungsort auf den Andamanen-Inseln zu geleiten – die geringe Geschwindigkeit war noch nicht einmal ausreichend, um eine kühle Brise zu erzeugen. Auf dem Rückmarsch nach Singapur geriet die PETARD dafür vor der Südküste Burmas in einen Taifun; das Schiff legte sich über wie eine Segelyacht, sämtliche Decks wurden von Wasser überspült. Kaum war der Sturm vorbei, verwandelte sich die PETARD in ein Vogelhaus. Ganze Schwärme von Vögeln, die meisten mit wundervollen Farbzeichnungen, manche winzig, andere groß, hatten sich überall an Oberdeck niedergelassen, verzierten die Antennendrähte wie Girlanden, und Dutzende waren in die Messedecks eingedrungen. Es müssen Tausende von Vögeln gewesen sein in Hunderten von Arten. Die Besatzung konnte sich wegen der flatternden Schar kaum noch bewegen. Das Schiff befand sich auf hoher See, die meisten der Tiere waren jedoch offenbar Dschungelbewohner, die vielleicht von dem Taifun erfaßt und auf die offene See geschleudert worden waren, bevor sie den Winden entkommen konnten, um auf der PETARD Zuflucht zu suchen. Es war ein phantastischer Anblick. Einer nach dem anderen begannen die Vögel schließlich, in ihre Heimat zurückzufliegen, meist in Richtung Osten, wo das nächste Land lag. Die kleinsten von ihnen blieben am längsten, die letzten flogen erst, als an Backbord bereits Land in Sicht war.

In Singapur mußte die PETARD die durch den Sturm verursachten Schäden ausbessern lassen. Sie lag in der Marinewerft in Sichtweite des Dammes, der die

Insel mit Johore auf dem malaiischen Festland verbindet. Ein japanischer Kreuzer, die MYOKO, war ebenfalls fest vertäut; der Angriff eines britischen Kleinst-U-Bootes hatte ihr wenige Monate zuvor das Heck weggerissen. Das Gelände war übersät mit liegengebliebenen Panzerfahrzeugen, unter Aufsicht eines Maaten der PETARD mußten japanische Soldaten Aufräumarbeiten leisten. Nach Beendigung der Reparaturen legte die PETARD einen Zwischenstopp in Tanjung Priok ein, nahm dann Kurs auf Celebes, verweilte vor den dschungelbewachsenen Stränden des südlichen Borneo und kehrte dann nach Tanjung Priok zurück, um einige indonesische Offiziere in ihren schokoladefarbenen Uniformen an Bord zu nehmen. Der Befehl lautete, sie nach Padang an der Westküste Sumatras zu bringen. Sie hatten die Aufgabe, die örtlichen Führer der Unabhängigkeitsbewegung zur Zusammenarbeit mit den alliierten Streitkräften zu überreden. Landungsabteilungen besetzten drei Leuchttürme bei Ujong, Parcei, und Lenarg auf den Medawi-Inseln und befahlen den Terroristen vor Ort, mit ihren Einschüchterungsversuchen gegen die Leuchtturmwärter aufzuhören. In Parcei mußte sich die gesamte Bevölkerung am Strand versammeln. Der Kommandant der PETARD setzte sie davon in Kenntnis, daß er das ganze Dorf niederbrennen lasse, falls sie den Leuchtturm nicht in Ruhe ließen.

Die PETARD kehrte daraufhin nach Trincomalee zurück. Jede der beiden Wachen an Bord verbrachte abwechselnd eine Woche im Erholungslager Nr. 56 in den kühlen Bergen Zentralceylons. Dann ging es mit Höchstfahrt zum Hafen von Surabaja, wo schwere Kampfhandlungen ausgebrochen waren. Die Besatzung befand sich auf Gefechtsstationen, als sich die PETARD der Meerenge näherte, die die Hauptinsel Java von der größeren Insel Madura trennt. Die wenigen sichtbaren Gebäude an beiden Ufern hatten die saffrangelb-weiße Flagge Indonesiens gehißt, die Bewohner allerdings schienen die Gegend verlassen zu haben. An der engsten Stelle der Wasserstraße, die nur wenige hundert Meter breit ist, konnte die Besatzung deutlich das Donnern von Marinegeschützen, das Krachen von Bombeneinschlägen und das Geknatter von Maschinengewehren vernehmen.

Die PETARD ging in der Nähe eines Kreuzers der Royal Navy und mehrerer Zerstörer, die unweit der Werft lagen, vor Anker. Die Geschützmannschaften waren feuerbereit. Die anderen Schiffe vor Ort hatten bereits Stellungen der indonesischen Nationalisten beschossen, um einer Abteilung Gurkhas Feuerschutz zu geben, die die Kontrolle über das Hafengebiet zurückerlangen sollte. Mosquitos und Thunderbolts der RAF bombardierten Stellungen der Rebellen nicht weit im Landesinnern. Ganze Bootsladungen mit vergnügt grinsenden Gurkhas, die genüßlich mit ihren furchteinflößenden Kukri-Messern fuchtelten, fuhren ganz nahe an der PETARD vorbei in Richtung der Landungsbrücken, die eine Art Frontlinie darstellten. Auf der anderen Seite der Kais standen die Rebellen. Die Besatzung der PETARD hatte einen Logenplatz. Sie konnte die Flugzeuge der RAF dabei beobachten, wie sie jenseits des Qualms und des Dunstes, die nur wenige hundert Meter entfernt über den Gebäuden am Hafen aufstiegen, mit Bomben und Bordwaffen im Sturzflug angriffen. Die Geschützbedienungen konnten jedoch rasch ihre Gefechtsstationen verlassen; die PETARD war zu spät gekommen, um sich noch an den Kampfhandlungen beteiligen zu müssen. Da die alliierten Bodentruppen bereits in Gefechte mit den Rebellen verwickelt waren, wurde der Beschuß der Küste eingestellt.

Bei Ausbruch der Feindseligkeiten waren der Kommandeur der britischen Truppen in diesem Gebiet, Brigadier A.W.S. Mallaby, und mehrere seiner Offiziere von randalierenden Haufen ermordet worden, als sie unter weißer Parlamentärflagge mit den Anführern der Unabhängigkeitsbewegung verhandeln wollten. Der Mob hatte zudem einen Lastwagenkonvoi mit 200 holländischen Zivilinternierten angegriffen und die Eskorte, eine indische Mahratta-Einheit, sowie sämtliche Zivilisten mit Ausnahme von 20 Frauen und Kindern getötet. Die harte britische Reaktion war ein Vergeltungsschlag für diese Vorkommnisse. Die Kämpfe an Land dauerten noch etwa einen Monat an. Auf indonesischer Seite waren 1618 Tote und mehr als 3000 Verwundete zu beklagen.

Die alliierten Verluste auf Java betrugen während der zwei Monate nach der japanischen Kapitulation, vornehmlich im Raum Surabaja, 98 Tote, 197 Vermisste und mehr als 300 Verwundete. Britische Truppen zerstörten oder eroberten 15 gepanzerte Fahrzeuge, 47 Feldgeschütze, 36 Flugabwehrgeschütze, 7 Panzerabwehrgeschütze, 11 Mörser, 75 schwere Maschinengewehre, 55 leichte Maschinengewehre, 794 Gewehre, 500 Schußwaffen verschiedener Kaliber und 400 Tonnen Munition.

Auch die Japaner hatten während dieser gefährlichen Unruhen schwere Verluste. Insgesamt wurden 1000 japanische Soldaten getötet – dies entsprach etwa der Verlustzahl, die sie drei Jahre zuvor bei der Eroberung ganz Niederländisch Ostindiens zu verzeichnen hatten. (Der Wunsch der holländischen Streitkräfte, die Kontrolle über das ausgedehnte, von der 1603 gegründeten Ostindischen Kompanie errichtete Kolonialreich wiederzuerlangen, wurde absichtlich durchkreuzt. Ihre eigenen Truppentransporte wurden wegen angeblicher »Engpässe« bei der Bereitstellung von Schiffsraum verzögert, bis das South East Asia Command (SEAC) seine Aufgabe erledigt hatte, Gefangene und Internierte zu befreien sowie die japanischen Truppen in ihre Heimat zu überführen. Die Bemühungen der Niederländer, ihre traditionell strenge Herrschaft erneut durchzusetzen, führte während der folgenden drei Jahre immer wieder zum Ausbruch von Kämpfen, bis die Unabhängigkeit der Republik Indonesien schließlich anerkannt werden mußte.)

Nach nur einer Nacht im Kampfgebiet fuhr die PETARD nach Tanjung Priok zurück und nahm einhundert japanische Gefangene an Bord. Sie sollten vor einer möglichen Rückkehr nach Japan in ein Camp bei Singapur gebracht werden. Die Besatzung verweigerte ihnen den Zutritt zu den überfüllten Messedecks, und sie mußten sich selbst einen Platz an Oberdeck suchen. Es muß für sie eine jämmerliche Überfahrt gewesen sein, weil Monsunstürme während einer Nacht das Oberdeck überschwemmten. Es wurden Witze darüber gerissen, wieviele sich wohl während der Nacht unerlaubt entfernt hätten.

In Singapur angekommen, erhielt die PETARD Befehl, Saigon anzulaufen, wo die Franzosen ebenfalls Schwierigkeiten hatten, ihre Kolonialherrschaft nach der japanischen Besetzung wiederzuerrichten. Der Befehl wurde allerdings widerrufen, und statt dessen lief die PETARD Kalkutta an, wo sie zusammen mit dem Kreuzer SUSSEX und dem Zerstörer CAPRICE der größten Stadt Indiens einen Besuch abstatten und die Flagge zeigen sollte.

Nach weiteren unangenehmen Zwischenaufenthalten in Niederländisch Ostindien eilte die PETARD im Februar nach Bombay, um bei der Niederschlagung einer Meuterei in der Königlich Indischen Marine zur Stelle zu sein. Bei ihrer Ankunft hatten die Einheiten der indischen Marine die schwarze Flagge gehißt – es war das Zeichen zur Unterwerfung vor dem Kreuzer GLASGOW und zwei Begleitzerstörern, die zuvor bereits eingetroffen waren. Die PETARD fuhr weiter nach Karatschi, von wo schwere Zusammenstöße mit meuternden Mannschaften gemeldet wurden. Die Besatzung der indischen Sloop HINDUSTAN hatte sich gegen eine Abteilung britischer Fallschirmjäger zur Wehr gesetzt – mit Verlusten auf beiden Seiten. Als die PETARD an einer Landungsbrücke gegenüber der HINDUSTAN festmachte, war bereits alles vorüber. Die Geschütze des indischen Schiffes waren durch Artilleriefeuer von Land aus zerstört worden. Die PETARD lief nach Singapur zurück und überquerte als »Laufbursche« nach Niederländisch Ostindien noch acht Mal den Äquator. Ende März lag sie in Trincomalee. Da seine Dienstzeit zu Ende war, verließ der Verfasser dort das Schiff. Etwa zwei Monate später stand er in neuer Reservistenuniform an der Bahnstation in Portsmouth und erblickte ganz erstaunt mehrere Besatzungsmitglieder der PETARD. Sie war gerade in Portsmouth eingelaufen.

Epilog

Der Friede verwandelte sich rasch in Jahrzehnte des Kalten Krieges; die Tage jedoch, an denen die PETARD die sieben Meere befuhr, waren vorbei. Im September 1946 trat sie in Harwich zur Reserveflotte, sie blieb bis 1953 dort, als ihre Hull-Number in D 56 geändert und sie der Reserve in Chatham zugeteilt wurde. Im März 1953 wurde sie nach Belfast überführt und zu einer Fregatte vom Typ 36 mit der Nummer F 26 umgerüstet. 1956 wurde sie in Southampton eingemottet und nach Devonport geschleppt, wo das Schiff bis 1960 sein Dasein als Auflieger fristete bzw. für kurze Zeit Teil des in Plymouth stationierten Geschwaders war. Vom 3. September 1960 bis Juni 1962 stellte die PETARD erneut in Dienst, danach trat sie in Devonport zur Reserve. Schließlich wurde sie 1967 nach Bowness überführt und dort abgebrochen. Die PETARD war die letzte Vertreterin der P- und O-Klassen, die zu Beginn des Zweiten Weltkriegs auf Stapel gelegt worden waren.

Der Kalte Krieg sorgte dafür, daß Bletchley Park weiter im Geschäft blieb. Informationen über seine geheimen nachrichtendienstlichen Tätigkeiten beim Entschlüsseln des sowjetischen Funkverkehrs werden jedoch voraussichtlich noch länger mit einem Schleier der Verschwiegenheit umgeben bleiben, als die Arbeit, die Bletchley im Zweiten Weltkrieg geleistet hat.

Obwohl die Fähigkeit, die meisten Enigma-Meldungen mitlesen zu können, für die alliierten Nachrichtendienste die wichtigste Informationsquelle darstellte, blieb die deutsche Seite weiterhin der Überzeugung, daß während des Krieges ein Einbruch in das System Enigma nicht gelungen war. Diese Überzeugung stützte sich auf die ausgefeilten technischen Möglichkeiten der Chiffriermaschine sowie auf regelmäßige Änderungen und Verbesserungen der Fernmeldeverfahren.

Die Tatsache, daß die Alliierten bei der Funkentzifferung des Schlüsselkreises Triton über zehn Monate lang relativ »blind« blieben, zeigt, wie diszipliniert und sorgfältig das Funkpersonal auf U-Booten die Enigma bediente und die Schlüsselmaschine mit vier Walzen damit zu einem unüberwindlichen Hindernis machte. Auf eine ähnliche Art und Weise wie die Wiederholung der Schlüsseleinstellung den Polen den entscheidenden Hinweis zum Einbruch die frühe Version der Enigma geliefert hatte, öffneten fehlerhafte Schlüsseleinstellungen auch den Zugang zu Triton. Verfahrensfehler beim Übersenden von Mitteilungen, die dem Funkpersonal anderer deutscher Fernmeldenetze unterliefen, insbesondere bei Wettermeldungen, hatten die Codeknacker in Bletchley Park mit den nötigen »Eselsbrücken« versorgt, um in den Funkverkehr mit der älteren Enigma-Version einzudringen.

Eine verbesserte Chiffriermaschine befand sich bei Kriegsende in der Erprobung, und Bletchley Park hätte von vorn anfangen müssen. Aber wie Dönitz' Super-U-Boote und andere deutsche Geheimwaffen kam sie zu spät.

Die deutsche Seite hatte die Umleitung von Geleitzügen um die versammelten Wolfsrudel herum alliierter Spionagetätigkeit zugeschrieben. Auch war man der

Überzeugung, daß die Versenkung sämtlicher U-Tanker bzw. Ultra-Erkenntnisse über die Standorte einzelner U-Boote auf der Einführung eines neuen Radargeräts durch die Alliierten beruhte. Eins dürfte allerdings klar sein: Kein Agent hätte jemals nachrichtendienstliche Erkenntnisse von solcher Bedeutung liefern können, wie sie von Bletchley durch die Entzifferung des deutschen Funkverkehrs zur Verfügung gestellt werden konnten.

John Cairncross, ehemals Übersetzer in Bletchley Park, behauptet in seiner posthum veröffentlichten Autobiographie *The Enigma Spy*, daß er einen bedeutenden Anteil am Sieg der Alliierten habe, indem er die Russen mit nachrichtendienstlichen Erkenntnissen versorgte, die entscheidend zur Niederlage der Wehrmacht in der Schlacht von Kursk beigetragen hätten. Er habe seine noch aus der Studienzeit in Cambridge stammenden Verbindungen zum KGB lösen wollen, als er 1942 in Bletchley Park zu den Übersetzern für Deutsch stieß. Er sei bestürzt gewesen, erklärt Cairncross, als er erfuhr, daß Großbritanniens sowjetischer Verbündeter nicht über den Einbruch in den Enigma-Schlüssel informiert worden sei, weil Bletchley fürchtete, daß eine undichte Stelle die Deutschen alarmiert und damit das Eindringen in einen neuen Enigma-Code vereitelt hätte. Er sei der Überzeugung gewesen, daß die gefilterten Ultra-Erkenntnisse, mit denen die Russen von Fall zu Fall versorgt wurden, unzulänglich waren und nahm erneut Kontakt zu seinem Führungsoffizier vom KGB auf.

Zunächst ließ er sich versichern, daß die von ihm gelieferten Informationen per Kurier von London nach Moskau verbracht würden und daß sie niemals Gegenstand oder Teil von Funksprüchen sein dürften, die innerhalb Russlands gesendet würden. Cairncross war ein Jahr lang in Baracke 6 tätig, und während dieser Zeit übergab er dem KGB eine Vielzahl an Originaltexten in deutscher Sprache, die aus dem Funkverkehr gegnerischer Truppenverbände an der Ostfront stammten; einige dieser Meldungen hatte er selbst übersetzt, andere hatte er vom Boden in Baracke 6 aufgelesen, da andere Übersetzer sie achtlos weggeworfen hatten. Dieses Material ermöglichte der sowjetischen Luftwaffe, einer deutschen Offensive mit 2500 Panzerfahrzeugen zuvorzukommen. Das Ergebnis war ein sowjetischer Sieg in der größten Panzerschlacht der Geschichte und der Beginn des Marsches der Roten Armee nach Berlin. Cairncross enthüllte darüber hinaus, daß der KGB auch in Englisch übertragene – oder gefilterte – Berichte von einem MI 14 Analytiker erhielt, der im Wehrmachtführungsstab tätig war.

Neben verschiedenen Varianten der Enigma bediente sich die deutsche Seite einer weiteren Chiffriermaschine mit der Bezeichnung Lorenz-Schlüsselzusatz; sie arbeitete mit zehn Walzen. Das Gerät wurde für den Nachrichtenaustausch auf höchster diplomatischer Ebene mit den Botschaften in neutralen Ländern eingesetzt, ferner war sie in Gebrauch, um Hitlers Direktiven und umfassenden strategischen Weisungen an die über ganz Europa verstreuten Generalstäbe zu senden. In Bletchley war sie unter der Bezeichnung »Fish« bekannt. Seit Juni 1944 waren zehn riesige elektronische Maschinen, Colossus genannt, in Betrieb, um das System Fish, dessen zehn Walzen nach einem bestimmten Muster geschaltet waren, zu knacken.

Über die Bedeutung der von Colossus dechiffrierten Nachrichten wird noch immer äußerstes Stillschweigen gewahrt. Man kann jedoch davon ausgehen, daß eine der wichtigsten dechiffrierten Mitteilungen Hitlers Direktiven an Generalfeldmarschall von Kluge beinhalteten; sie führten zur entscheidenden Schlacht im Kessel von Falaise, die den Durchbruch der Amerikaner in Frankreich markierte.

Alan Turings Beitrag zum Sieg der Alliierten erfuhr – offenbar wegen der strengen Geheimhaltung, die seine Arbeit umgab – bis zu seinem Selbstmord 1954 nie eine offizielle Würdigung; sein Vorgesetzter allerdings, Edward Travis, wurde zum Ritter geschlagen. Auch Wing Commander Fred Winterbotham wurde nie eine förmliche Anerkennung zuteil. Er machte sich jedoch einen Namen, indem er das Geheimnis um Bletchley Park lüftete, als 1974 sein Bestseller mit dem Titel *The Ultra Secret* erschien. Allerdings behandelt das Buch hauptsächlich den Einfluß von Ultra auf die Land- und Luftoperationen, der Nutzen, den die Navy aus Ultra zog, wird nur am Rande erwähnt. Winterbotham starb 1990.

Gelegentlich, so etwa im Falle jenes Zerstörerkommandanten, der mit seinem Geleitzug mitten in ein U-Bootrudel fuhr, wurden Ultra-Erkenntnisse einfach ignoriert, da außer den Stabschefs niemandem bekannt war, woher die unvergleichlich wertvollen Informationen stammten. Allerdings neigten auch Befehlshaber in höchsten Positionen dazu, Ultra-Erkenntnisse einfach nicht wahrzunehmen, obwohl ihnen bewußt war, daß es sich bei der Nachrichtenquelle um den Funkverkehr des Gegners handelte.

Zu diesen Befehlshabern muß auch General Bernard Montgomery gerechnet werden, und zwar trotz der Tatsache, daß die mit Abstand bedeutendsten Erfolge, zu denen Ultra seinen Beitrag geleistet hat, während des Feldzugs in Nordafrika erzielt wurden. Ultra lieferte Detailinformationen über die Kurse, die Rommels Versorgungsschiffe steuerten, und nachdem Aufklärer das entsprechende Seegebiet überflogen hatten, um nicht preisgeben zu müssen, daß es sich bei der Nachrichtenquelle zum Standort einzelner Geleitzüge um die Enigma handelte, wurden die Schiffe in größerer Zahl versenkt. Es ist durchaus wahrscheinlich, daß Montgomerys Hauptquartier über den Inhalt mancher Nachrichten bereits informiert war, bevor Rommel sie zu Gesicht bekam. Indem er aber die Möglichkeiten, die Ultra ihm bot, nicht vollständig ausnutzte, war Montgomery auch für einen folgenschweren Fehlschlag verantwortlich. So war es Rommel nach der Niederlage von El Alamein gelungen, das Afrika-Korps in Rückzugsgefechten aus der Umklammerung zu lösen. Ultra hatte Erkenntnisse über die Anzahl verfügbarer Panzerfahrzeuge sowie weitere Details geliefert, die erkennen ließen, daß Rommels Streitmacht bei El Alamein schwere Verluste erlitten hatte. Montgomery hätte die zurückweichenden Achsentruppen überwältigen können, wenn er den Vorstoß der 8. Armee nicht unterbrochen hätte.

Am Tag vor dem kostspieligen Fehlschlag bei Arnheim im September 1944 traf ein Kurier in Montgomerys Hauptquartier in Brüssel ein. Er überbrachte eine Meldung, die auf Ultra-Informationen basierte und davor warnte, daß die alliierten Fallschirmjäger mitten in ein Wespennest abspringen würden. Montgomery nahm diese Nachricht offenbar nicht zur Kenntnis, und britische Fallschirmjäger wurden in einem Gebiet abgesetzt, in dem sich zwei deutsche Panzerdivisionen zur Auffrischung befanden. Die Überlebenden mußten sich zu den alliierten Linien bei Nimwegen durchschlagen.

Im Vorfeld des großen Kommandounternehmens gegen Dieppe im Jahr 1942 hat Admiral Lord Louis Mountbatten mindestens zwei auf Ultra-Erkenntnissen basierende Mitteilungen nicht beachtet. So hatte er die Nachricht erhalten, daß in jener Nacht, in der das Unternehmen stattfinden sollte, schwerbewaffnete deutsche Vorpostenstreitkräfte vor Dieppe in See stehen würden. Folglich griffen die Vorpostenboote die Landungsschiffe gegen 3.30 Uhr an und alarmierten Truppenverbände in der Gegend von Dieppe. Das Kommandounternehmen, an dem 5000 Kanadier sowie 1000 britische und 50 US-Ranger beteiligt waren, endete als katastrophaler Fehlschlag. Mehr als die Hälfte der Angreifer wurden getötet oder gerieten in Gefangenschaft.

Im Gegensatz dazu führte General George Patton ständig einen Wagen mit Fernmeldeeinrichtungen neben seinem eigenen Befehlspanzer mit. Er verließ sich auf die Nachrichten, die Ultra lieferte, insbesondere als er nach dem Ausbruch aus dem Brückenkopf in der Normandie seinen Siegeszug durch Frankreich antrat.

Hat Ultra tatsächlich den Krieg entschieden, wie oftmals behauptet wird? Die Alliierten hätten auch ohne Ultra den Sieg errungen vor allem aus dem Grund, weil die Amerikaner Liberty-Schiffe in ausreichender Zahl zur Verfügung stellen konnten. Es besteht jedoch kein Zweifel daran, daß die Entscheidung ohne Ultra viel später und unter weit höheren Verlusten an Menschenleben gefallen wäre. Hätte der Krieg in Europa tatsächlich noch ein weiteres Jahr angedauert, ist es durchaus wahrscheinlich, daß Dönitz' Super-U-Boote in der Lage gewesen wären, auch Städte in den Vereinigten Staaten anzugreifen, und Berlin wäre vielleicht das erste Ziel einer Atombombe geworden.

Ultra hat unter anderem zu den Entscheidung beigetragen, die British Expeditionary Force aus dem Chaos zurückzuziehen, das den Zusammenbruch Frankreichs begleitete – dies war eine Frage des Überlebens gewesen. Ultra hatte Einfluß darauf, daß während der Luftschlacht um England die richtige Taktik gewählt wurde. Ultra war der Schlüssel dazu, daß sich das Blatt an der Ostfront wendete. 1943 erklärte der Oberbefehlshaber im Mittleren Osten, General Harold Alexander, in Tunesien: »Die Kenntnis nicht allein über Stärke und Aufstellung des Gegners, sondern auch darüber, wie, wann und wo er beabsichtigt, seine Operationen durchzuführen, hat der Kriegsführung eine neue Dimension hinzugefügt.«

Der ehemalige Befehlshaber des RAF-Coastal Command, Sir John Slessor, schrieb 1974 in seinem Vorwort zu Wing Commander Fred Winterbothams Buch *The Ultra Secret*: »Der Admiralität war es bezeichnenderweise gestattet, über alles, was funknachrichtendienstliche Erkenntnisse anbetraf, die Verfügungsgewalt auszuüben, leider nicht immer mit den gewünschten Ergebnissen. Aber ich habe guten Grund anzunehmen, daß Ultra, in Verbindung mit HF/DF, während der Schlacht im Atlantik tatsächlich die Entscheidung herbeigeführt hat.«

Am Sieg über die U-Boote hatte Ultra zweifelsohne einen wesentlichen Anteil. Und dies widerum hat entscheidend mit dazu beigetragen, daß die erforderliche Truppenstärke zur Rückeroberung Westeuropas schließlich rechtzeitig zur Verfügung stand.

In seinem vorstehend bereits erwähnten, 1988 erschienenen Bericht über *Intelligence and National Security* resümiert Ralph Erskine die Zusammenhänge: »Die ganze Arbeit, die in Bletchley Park geleistet wurde, um Triton zu knacken, wäre völlig ergebnislos geblieben, hätte es nicht die Männer an der Front gegeben. Ohne die tapfere Tat von Lieutenant Antony Fasson, Able Seaman Colin Grazier und des 16jährigen Tommy Brown, die den Wetterkurzschlüssel und das Kurzsignalheft auf U-559 bargen, hätten wir während des für den weiteren Verlauf der Schlacht im Atlantik entscheidenden ersten Halbjahres 1943 keine speziellen nachrichtendienstlichen Informationen aus Triton erhalten. Es gibt nur wenige Handlungen persönlicher Tapferkeit, die jemals solch weitreichende Konsequenzen hatten. Ohne die besonderen Erkenntnisse aus Triton wären die U-Boote auf die Dauer zwar ebenfalls besiegt worden, aber der Verlust an Menschenleben in diesem globalen Konflikt wäre insgesamt noch weitaus schlimmer gewesen, als er dies ohnehin schon war.«

Der polnische Beitrag zum Sieg

Das Konzept für die Enigma-Chiffriermaschine stammte ursprünglich von dem Amerikaner Eduard Hugo Hebern. Er hatte im Jahr 1915 ein Modell der gerade auf den Markt gekommenen elektrischen Schreibmaschine solcherart verändert, daß ihm die erste maschinenverschlüsselte Codierung gelang. Die Typenhebel der elektrischen Schreibmaschine dienten als Schalter, jeder Hebel war einem entsprechenden Buchstaben zugeordnet. Hebern änderte einfach die Verdrahtung, so daß die letztlich ausgedruckten Buchstaben sich von den auf der Tastatur niedergedrückten unterschieden. Das Wort VORMARSCH etwa wurde zu BXKTZKJAG, und mit dem Zusatz passender Schaltkreise war das Ganze umkehrbar. Das Ver- und Entschlüsseln nahm kaum mehr Zeit in Anspruch als das Abfassen einer Mitteilung. War die Nachrichtenübermittlung auf einer Hebern-Maschine vor unbefugtem Mitlesen des allgemeinen Publikums relativ sicher, stellte sie für Kryptoanalytiker keine besondere Hürde dar. Sämtliche Idiome der westlichen Sprachengemeinschaft weisen eine charakteristische Häufigkeit von Buchstabenwiederholungen unabhängig vom Textinhalt auf. Die Auswertung der Häufigkeitsverteilung bildet die Grundlage der Kryptoanalyse. Als er diesen Schwachpunkt seiner Maschine erkannte, experimentierte Hebern mit einem Chiffriergerät, in das eine Walze eingefügt war, die bei jedem Tastendruck auf der elektrischen Schreibmaschine eine andere Schaltverbindung herstellte. Schließlich verkaufte er im Jahr 1924 seine »Elektrische Schlüsselmaschine« (mit dem U.S.-Patent Nr. 1.683.072) an die U.S.-Navy.

In Holland hatte der aus Delft stammende Hugo Alexander Koch eine Chiffriermaschine entwickelt, die er als »Geheimschrijfmaschine« bezeichnete. Er verkaufte die Patentrechte an den deutschen Ingenieur Arthur Scherbius, der bereits seit 1923 Chiffriermaschinen mit drei Walzen unter dem Markennamen Enigma herstellte. Ein solches Gerät wurde von der Reichspost auf einem Kongreß des Weltpostvereins als billige und zuverlässige Maschine angeboten, um Telegraphenverbindungen und Telegramme abzusichern. Dies erregte das Interesse der Chiffrierabteilung der Reichswehr (jenes kleinen Heeres, das Deutschland im Versailler Vertrag zugestanden worden war), und ihr Chef, Oberst Erich Fellgiebel, ordnete an, das Gerät unverzüglich vom Markt zu nehmen.

In Polen, das nach einem Jahrhundert der Teilung im Versailler Vertrag seine Wiedergeburt erlebte, aber von potentiellen Feinden umzingelt blieb, hielt der Nachrichtendienst mit dem »byro szyfrow« (Chiffrierbüro, Dienststelle BS4) stets ein wachsames Auge auf Hitlers Rüstungsanstrengungen. Die Polen waren besorgt, weil die Zunahme des Funkverkehrs an ihrer Grenze auf die Möglichkeit militärischer Operationen außerhalb Deutschlands hinzudeuten schien, denn der interne Nachrichtenverkehr wurde normalerweise über Telegraphenleitungen abgewickelt. 1928 verzögerte der polnische Zoll die Auslieferung einer per Bahn beförderten Versandkiste, die an die deutsche Botschaft in Warschau adressiert war; die Zollbeamten verständigten zudem die polnische Abwehr. Das Gepäckstück war an einem Freitagabend angekommen. Auf Nachfrage eines deutschen Diplomaten bestanden die polnischen Postbehörden darauf, die Schalter erst wieder am Montagmorgen zu öffnen. Die vierte Sektion des polnischen Nachrichtendienstes verbrachte nunmehr das Wochenende damit, eine neue Enigma, die der militärischen Nutzung diente, zu untersuchen, bevor sie wieder sorgfältig verpackt und der deutschen Botschaft, die keinen Verdacht geschöpft hatte, zugestellt wurde.

Die Chiffriermaschine hatte wertvolle Informationen über die interne Schaltung der drei Walzen einer Enigma und über das zusätzliche Steckerbrett geliefert, das die Überschlüsselung von Funksprüchen ermöglichte. Ein junger Mathematiker aus dem Team des BS4, Marian Rejewski, rekonstruierte nach kryptoanalytischen Gesichtspunkten die Verdrahtung einer Enigma. Ein in Schweden erworbenes, seltenes Exemplar der handelsüblichen Chriffriermaschine wurde daraufhin so umgebaut, daß es den militärischen Anforderungen genügte.

1931 warnte ein Büroangestellter im Reichswehrministerium namens Hans Thilo Schmidt (später erhielt er den Decknamen »Asche«) die französischen Sicherheitsbehörden vor der Existenz einer neuen deutschen Chiffriermaschine. Er nahm Kontakt zum »Service Renseignements« auf und bot Unterlagen an, von denen er behauptete, sie seien ein Teil des am besten gehüteten Geheimnisses der deutschen Abwehr – der Enigma. (Nach der Niederlage Frankreichs wurde Asche verhaftet und erschossen, da der französische Agent, mit dem er sich zuerst getroffen hatte – nun ein Spitzel der Vichy-Regierung –, ihn denunzierte.)

Bis zum Ausbruch des Krieges nahm Asche neunzehn Mal Kontakt zu französischen Geheimdienstoffizieren auf und übergab hunderte von Photographien streng geheimer Dokumente. Bei einem Treffen im Jahr 1932 händigte er ihnen eine Dienstvorschrift über den Gebrauch der Enigma und eine Sammlung chiffrierter Meldungen inklusive der Klartextversion aus. Diese wurden an den polnischen Geheimdienst weitergeleitet. Mit Hilfe dieser Unterlagen bzw. der »bomba« konnten die polnischen Kryptoanalytiker bis Ende 1938 eine Vielzahl an Enigma-Meldungen mitlesen.

Am 15. Dezember 1938 führte die deutsche Seite zwei zusätzliche Walzen für jede Enigma-Chiffriermaschine ein, so daß die drei in den Walzenzylinder einzusetzenden Buchstabenscheiben jetzt aus einem Fünferset ausgewählt werden mußten. Dies verfielfachte die möglichen Einstellkombinationen um den Faktor zehn, von sechs auf sechzig, und das bedeutete, daß nunmehr eine Vielzahl an »bombas« zur Übersetzung der Enigma-Meldungen benötigt wurde. Außerdem war ein größerer Stab geschulter Mitarbeiter erforderlich, um die zusätzlichen Maschinen zu bedienen. Das überstieg die Möglichkeiten der Polen, und der Funkverkehr per Enigma war wieder sicher.

Im Januar 1939 fand in Paris ein vorbereitendes Treffen zwischen französischen, polnischen und britischen Geheimdienstmitarbeitern statt. Die Polen luden bei dieser Gelegenheit die französischen und britischen Vertreter zu einem weiteren Treffen ein, das am 14. Juli stattfand, etwa sechs Wochen bevor Deutschland in Polen einmarschierte. Drei britische Geheimdienstoffiziere trafen sich in der Zentrale der polnischen Enigma-Experten, die in einem Kiefernwäldchen in der Nähe des kleinen Dorfes Pyry, etwa 30 Kilometer südöstlich von Warschau, lag, mit ihren französischen und polnischen Kollegen.

Der Leiter der polnischen Dechiffrierexperten offenbarte die bereits erzielten Erfolge ihrer Arbeit mit der Enigma und erläuterte das Problem, welches durch die Einführung einer zusätzlichen Walze entstanden war. Die Briten verpflichteten sich, ihre größeren finanziellen und technischen Mittel einzustzen, um die bis zu sechzig »bombas« zu konstruieren bzw. herzustellen, die für den Einbruch in das Enigma-System mit fünf Walzen benötigt wurden. Die Polen gaben ihr gesamtes Wissen über die Enigma preis und überreichten den Briten die Konstruktionspläne der »bomba«. Einen Monat später wurde eine polnische AVA-Kopie der Enigma nach London verschickt.

Zu jenem Team, das vor der anrückenden deutschen Wehrmacht aus Polen entkommen konnten, gehörten auch die an der Entzifferung des Enigma-Codes arbeitenden Mathematiker. Sie flohen nach Bukarest und fanden dort in der französischen Botschaft Asyl, dann reisten sie nach Frankreich weiter und verstärkten die französische Mannschaft, die an der Enigma arbeitete. Als die deutschen Truppen in Frankreich einmarschierten, floh das gesamte Team in den unbesetzten Teil des Landes und nahm die Arbeit mit Unterstützung einer weiteren Abteilung des französischen Geheimdienstes unter der Bezeichnung »Gruppe 300« wieder auf; ihr Büro befand sich im Château de Fouzes in der Nähe von Avignon. (Die Gruppe beanspruchte für sich, 673 Funksprüche der deutschen Wehrmacht, die zum größten Teil das Afrika-Korps betrafen, entziffert zu haben. Die dechiffrierten Texte wurden per Funk zu einem Anwesen in Stanmore gesendet, wo sich ein polnisches Team aufhielt, das nach London entkommen war.)

Im November 1942 durchsuchte eine deutsche Spezialeinheit das Château de Fouzes, fand es jedoch verlassen vor – die »Gruppe 300« war vorher gewarnt worden. Mehrere der Mitarbeiter wurden jedoch später verhaftet und von der Gestapo verhört. Sie gaben zwar zu, die Vorkriegs-Enigma geknackt zu haben – was die deutsche Seite allerdings bereits selbst herausgefunden hatte. Sie konnten die Vernehmungsbeamten aber irgendwie davon überzeugen, daß die während des Krieges erfolgten technischen Veränderungen die Enigma zu einer uneinnehmbaren Festung verwandelt hatten. Zwei der polnischen Mathematiker, Marian Rejewski und Henryk Zygalski, gelang die Flucht über Spanien nach Gibraltar, von wo sie nach England gebracht wurden. Ein dritter, Jerzy Rozycki, starb, als sein Schiff im Mittelmeer torpediert wurde. Jene Mitglieder der »Gruppe 300«, die Großbritannien erreichen konnten, feierten ihr Wiedersehen in der Gaststätte White Horse in Boxmoor, Hampshire, in der Nähe des Hauptquartiers des Fernmeldekorps der polnischen Armee.

Verluste an Zerstörern

Etwa jeder dritte der 456 im Krieg eingesetzten Zerstörer ging verloren. Flugzeuge versenkten 56 Einheiten, davon 27 im Mittelmeer. Die U-Boote vernichteten 39 Zerstörer, 27 sanken nach Minentreffern. 16 Zerstörer gingen nicht durch Feindeinwirkung verloren.

Die Verlustrate der Zerstörer der P-Klasse war im Durchschnitt höher als jene der anderen Klassen: H.M.S. PORCUPINE wurde am 9. Dezember 1942 im westlichen Mittelmeer torpediert; H.M.S. PARTRIDGE fiel am 18. Dezember 1942 westlich Oran ebenfalls einem U-Boot-Torpedo zum Opfer; der Flottillenführer H.M.S. PAKENHAM wurde am 16. April 1943 während eines Gefechts mit italienischen Torpedobooten so schwer beschädigt, daß er von einem seiner Schwesterschiffe versenkt werden mußte; H.M.S. PANTHER sank am 9. Oktober 1943 nach Bombentreffern vor Rhodos.

Die PETARD, die PALADIN und die PENN waren bei Kriegsende weiterhin verwendungsfähig.

Der Einbruch in den deutschen Marinefunkschlüssel

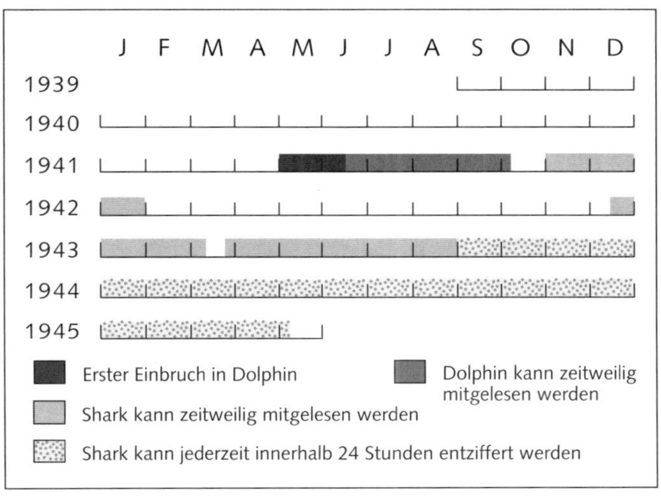

Das Schaubild wurde von dem Experten für Funkentzifferung Ralph Erskine zusammengestellt. Es ist deutlich zu erkennen, daß die von H.M.S. PETARD erbeuteten Unterlagen den Kryptoanalytikern in Bletchley Park ermöglichten, dauerhaft in den Funkverkehr der U-Boote einzubrechen. Während der letzten beiden Wochen des Jahres 1942 bis August 1943 konnten Funksprüche mit einiger Verzögerung mitgelesen werden, während der letzten 20 Monate des Krieges dagegen gelang es, den gesamten Funkverkehr innerhalb von 24 Stunden zu entziffern.

Literaturverzeichnis

Beesly, Patrick, Very Special Intelligence (1971).
Cairncross, John, The Enigma Spy (1997).
Churchill, Winston, The Gathering Storm (1949).
–, Closing the Ring (1952).
Connell, G.G., Fighting Destroyer (1976).
Coward, B.R., Battleship at War (1981).
Crabb, Brian James, Passage to Destiny (1997).
Denniston, Robin, Churchill's Secret War (1997).
Dyer, M.J., The O and P Class Fleet Destroyers (1997).
Erskine, Ralph, Naval Enigma: The Breaking of Heimisch and Triton (1988).
–, The First Naval Decrypts of World War II (1997).
Grove, Eric, Great Battles of the Royal Navy (1995).
Haines, Gregory, Cruiser at War (1982).
–, Destroyer at War (1982).
Harper, Stephen, Miracle of Deliverance (1985).
Harris, Robert, Enigma, A Novel (1995).
Higgins, Trumbull, Winston Churchill and the Dardanelles (1963).
Hinsley, Francis Harry/Stripp, Alan, The Code Breakers (1992).
Hough, Richard, The Longest Battle (1986).
Hoyt, Edwin P., The Death of the U-Boats (1988).
Hughes, Terry/Costello, John, The Battle of the Atlantic (1997).
Johnson, Brian, The Secret War (1978).
Kahn, David, Seizing the Enigma (1990).
Keegan, John, The Price of Admiralty (1988).
Lewin, Ronald, Ultra Goes to War (1978).
Mallalieu, J.P.W., Very Ordinary Seamen (1943).
Montserrat, Nicholas, The Cruel Sea.
Moorhead, Alan, Montgomery (1946).
Patterson, George, A Spoonful of Rice with Salt (1993).
Peillard, Leonce, Sink the Tirpitz (1968).
Rhodes, James Robert, Gallipoli (1965).
Roskill, Stephen W., HMS Warspite (1956).
Schmidt, Heinz-Werner, With Rommel in the Desert (1951).
Trevor-Roper, H.R., Hitler's War Directives (1964).
Tute, Warren, The True Glory (1983).
–, The Reluctant Enemies (1989).
Van der Post, Laurens, The Admiral's Baby (1996).
Van der Vat, Dan, The Atlantic Campaign (1988).
Welchman, Gordon, The Hut Six Story (1982).
Westcombe, Peter/Gallehawk, John, Getting Back into Shark (1997).
Wiggan, Richard, Hunt the Altmark (1982).
Winterbotham, Frederick William, The Ultra Secret (1974).
Wright/Logan, The Royal Navy in Focus 1940-1949 (1990).
Ziegler, Philip, Mountbatten (1985).

Register